本书获长沙理工大学出版资助

股权众筹公司制度的
特色与创新

孙亚贤 ◎ 著

中国社会科学出版社

图书在版编目(CIP)数据

股权众筹公司制度的特色与创新／孙亚贤著 .—北京：中国社会科学出版社，2023.6
ISBN 978-7-5227-1986-3

Ⅰ.①股… Ⅱ.①孙… Ⅲ.①企业融资—法律—研究—中国 Ⅳ.①D922.291.914

中国国家版本馆 CIP 数据核字（2023）第 097287 号

出 版 人	赵剑英
责任编辑	梁剑琴
责任校对	闫 萃
责任印制	郝美娜

出	版	中国社会科学出版社
社	址	北京鼓楼西大街甲 158 号
邮	编	100720
网	址	http://www.csspw.cn
发 行 部		010-84083685
门 市 部		010-84029450
经	销	新华书店及其他书店

印	刷	北京君升印刷有限公司
装	订	廊坊市广阳区广增装订厂
版	次	2023 年 6 月第 1 版
印	次	2023 年 6 月第 1 次印刷

开	本	710×1000 1/16
印	张	11.75
插	页	2
字	数	173 千字
定	价	78.00 元

凡购买中国社会科学出版社图书，如有质量问题请与本社营销中心联系调换
电话：010-84083683
版权所有　侵权必究

前　　言

　　股权众筹公司伴随股权众筹融资而生，在我国"促进大众创业、万众创新"的时代背景下，因其融资优势和概念优势受到诸多创业者的追捧。股权众筹作为一个舶来品，其法律性质及相关管理制度尚处于酝酿阶段，股权众筹公司作为整个股权众筹产业链条的终端，其发展也应引起足够的重视。股权众筹公司的良性发展不但可以为创业者提供更多的机会，为投资者赢得更多的利润回报，也为我国金融市场的多样化开辟了新的路径。从近几年的实践来看，股权众筹已经从野蛮发展进入了一个相对稳定的发展时期，股权众筹公司运行中的相关制度缺陷也逐渐暴露。事实上，股权众筹只是获得资金的一种方式，创业者要真正获得成功还要依赖于股权众筹公司的生命力。股权众筹公司发展受阻的根源在于：一方面，我国现有相关法律制度的规定限制了股权众筹公司优势特色的发挥；另一方面，股权众筹公司没有设计出适合自身特点的相关制度，尤其是缺乏针对众筹股东的权益保护制度，导致大众对股权众筹公司的认可性不高。为了使股权众筹公司发挥出应有的潜力，最大限度地助力我国经济发展，必须充分发挥其优势特色，以股权众筹公司的设立、治理、股东退出、监管制度为重点构建其特有的制度体系。

　　在对我国股权众筹公司的运营现状及相关制度深入研究与探讨的基础上，结合已有理论成果和域外经验，全书按照如下思路展开：

　　第一章，绪论。绪论阐述了本书的选题背景及理由、研究的现实意义、国内外研究现状、研究的主要内容、基本框架，研究的创新点以及研究方法。

　　第二章，股权众筹公司的实践困惑与理论争议。该部分为股权众筹公司相关制度研究的逻辑起点。首先，对众筹及股权众筹的相关问题进行了梳理。重新界定了众筹的概念及特征，众筹应该是为实现一定的目的或达到某一目标，利用某种方式或平台面向普通公众筹集资金的融资方式。随着众筹的不断发展，应将众筹特征中服务于初创企业的小额融资这一特征删除，仅保留人数众多、低门槛、项目多样、不借助传统金融机构几个特征。股权众筹特征的论述采取了比较法，将其与P2P、私募股权、风险投资、DPO进行对比，分析股权众筹的特殊性，以说明其现实存在的必要性。针对实际运作中股权众筹可能面临的公募与私募性质界定问题，涉嫌非法集资、诈骗、泄露商业秘密及个人隐私等法律风险的问题，提出应认定股权众筹的公募性质，同时赋予众筹平台特殊券商的资质。如此，一方面可以将股权众筹纳入已有的监管体系，另一方面也可以弥补现有证券市场的不足。其次，通过对股权众筹公司现状的分析，发现其在现行法律框架下所面临的公司形式、公司治理困境，并根据股权众筹公司的特点提出目前股权众筹公司应选择有限责任公司形式，公司业务范围最好涉及互联网、高新技术等新兴领域，在进行股权众筹时要具有前瞻性。除筹集必要的资金外，更应注重对资源、人才的筹集。在公司治理上应注重治理模式的创新，在融资时对股权结构进行合理的设计，创新内部监督机制，最大限度地保护众筹投资者的合法权益。

第三章，股权众筹公司设立制度对传统公司法律的突破。该部分以股权众筹公司的设立制度为切入点，探讨了其对传统公司法律的突破。根据我国《公司法》的规定，公司可以分为有限责任公司与股份有限公司，不同的公司形式在公司设立时需要满足的条件也有所不同。其中有限责任公司的设立条件和设立程序较为简单，因此成为众多股权众筹公司的首选。然而，在我国法律背景下，有限责任公司的设立条件却与股权众筹并不十分契合。为了满足股权众筹公司的需要，切实保护公司股东的利益，应在有限责任公司设立过程中加入特殊的制度设计：首先，应对股权众筹公司的股东人数进行特殊规定。在《证券法》等相关法律法规对公开发行的"200人"限制规定进行调整的基础上，《公司法》应对股权众筹公司的股东人数进行豁免。

结合国外经验及我国的经济现状，该人数限制可以暂定为1000人，且可根据不同的众筹金额在该限制人数范围内对不同融资额的最高参与人数进行限制。其次，对公司的发起人进行严格的审核。无论公司设立成功与否股权众筹公司的发起人都需承担一定的责任，包括公司设立过程中对众筹投资者的信息披露责任、发起失败后资金的返还责任、发起人自身的出资责任等。基于发起人对于股权众筹公司的重要性，在股权众筹（项目）公司发起之前，就应当由股权众筹平台对发起人从能力到道德水平进行全方位的审核，并报证监会予以备案。最后，根据现实需要拓宽股权众筹公司的出资方式，将商业资源、劳务出资纳入股权众筹公司的合法出资之列。对于商业资源出资、劳务出资价值的判断，应以双方协商一致为主，当出资人的出资未达到合同预期的效果时需要承担出资补缴责任或对相应股份重新进行募集。

第四章，股权众筹公司的治理结构特色及制度创新。该部分从股权众筹公司的治理入手，提出了该种类型公司治理结构的特色及制度上的创新。在对股权众筹公司治理制度的论述中，选取了创始人股东、众筹股东和股权众筹平台三个不同的角度，围绕如何兼顾公平与效率，最大限度地保障股东权益来展开，最终目的是实现股权众筹公司的长远发展。首先，从创始人股东的角度对股权管理制度进行完善。通过对创始人控制权维持的三种法律路径的分析，得出结论："合伙人制度"为股权众筹公司创始人控制权维持的最佳方式。为了稳定创始团队，便于后期融资，除了需要维持创始人的控制权外，还需要对创始人股东股权的兑现行权进行特殊规定，拓展兑现行权的条件，如可根据公司的发展情况将最短生效期设置为1—2年，时间条件5年左右，业绩条件则需综合考察公司治理状况，公司发展潜力及公司创新能力等。另外兑现行权可以一次性完成也可以分多次完成。其次，从众筹股东的角度创新公司治理模式，尤其突出对众筹股东权益的保障制度。要保障众筹股东的权益首先应明确众筹股东的身份。通过分析股权代持、有限合伙及直接持股三种股权众筹股东持股的方式，发现股权代持与有限合伙都无法在公司中明确众筹股东的身份，特别是有限合伙形式下，因缺乏与股权众筹公司的直接联系证明，即使作为隐名股东众筹股东的身份也无法得到认可，这显然不利于众筹股东合法权益的保护。直接持股解决了这一难题，使每个股权众筹投资者都成为公司合法的股东。且通过管理权信托的方式，成功克服了直接持股状态下股权过于分散所导致的公司治理效率低下问题，使其成为众筹股东持股的最佳方案。身份得到确认的众筹股东可以通过单独计票制度、强制分红制度来保障自身的合法权益。单独计票制度在具体的实施中需要股权众筹公司以列举的形式将重大事项进行列举说明，并设计兜底条款，同时采取分类表决机制。为避免大股东买票行为的发生，应根据公司的股东人数对参与分类表决的众筹股东数量做出下限规定。至于投票的方式则可以灵活多变，可以采用网络投票机制，以减少众筹股东的参与成本。强制分红权的设计则可以直接满足众筹股东对经济利益的需求，当满足公司能分红却不分，股东提出明确的书面反对意见，穷尽内部救济措施这三个条件时众筹股东就可以提出强制分红权之诉。为了保障强制分红权的顺利实现，司法上需要在管辖权、原被告的确定，举证责任的分担及诉讼时效等方面作出明确规定。最后，在公司治理的过程中引入股权众筹平台，发挥其积极作用。基于股权众筹平台的特性及业务特点，将其纳入股权众筹公司的治理制度中，可以有效弥补现有治理制度的不足。众筹平台通过对股权众筹项目的审核，对发起人的评定，对投资者的选择从源头上实现对股权众筹公司的控制，其还可以利用自身的平台优势搭建起股东与公司沟通的桥梁，同时肩负起股权众筹公司外部监督者的重担。

第五章，股权众筹公司股东退出机制的特色与制度构建。该部分围绕股权众筹行业的瓶颈——退出机制，构建了股权众筹公司股东退出机制。通过对协议退出、上市退出、回购退出、清算退出等传统退出方式的分析，发现每种退出方式都各有利弊，就股权众筹公司的股东而言周期过长或条件过高的退出方式都难以接受，其中最适合股权众筹公司的退出方式为协议退出和下一轮融资退出。除了退出方式的选择外，还应消除法律的限制和泛滥的项目保护主义。健全股权众筹公司股东退出相关法律法规，加快股权众筹专项立法，协调其与现行《证券法》《公司法》《破产法》的冲突。依托已有的资本市场搭建股权众筹公司专属的股权交易市场，设立众筹平台股权交易机制，进一步完善我国多层次的资本市场体系。

第六章，股权众筹公司监管制度的重构。该部分阐述了股权众筹公司的监管现状，并在此基础上提出监管制度的重构建议。股权众筹公司作为商事主体，在市场经济的框架下离不开有效的监管制度。目前针对股权众筹监管的专项法规还处于酝酿当中，对股权众筹公司的监管更是无暇顾及，当前股权众筹公司的监管措施主要来自《证券法》《公司法》等已有法律法规的相关规定。但因为立法的滞后性，这些规定显然与股权众筹公司的监管存在价值理念的冲突。股权众筹公司的监管制度应该做到全方位、立体化、宽严相济，目的是帮助股权众筹公司在发展中寻求到效率与安全的平衡点，实现安全与效率的统一。股权众筹公司的外部监管应在公权力监管作为保障的前提下充分发挥市场自律监管的作用，健全信息披露制度，充分发挥中介机构与行业协会的监管职能。内部监管主要通过股东权利的行使及独立监事制度的引进来予以完善。

综上所述，股权众筹公司因其独特的股权结构及组织形式与我国现有法律制度存在一定的冲突，为了更好地发挥其在促进大众创业，吸收民间资本方面的优势，必须对相关法律法规进行调整，并根据其特点进行相关公司制度设计。

目 录

第一章 绪论 (1)
  第一节 本书选题背景及理由 (1)
  第二节 本书研究的现实意义 (4)
    一 帮助股权众筹公司寻找恰当的制度体系，提高公司成功率 (4)
    二 响应国家号召刺激公众的创业投资积极性 (4)
    三 为相关立法提供建议 (5)
  第三节 国内外研究现状分析 (6)
    一 公司设立制度 (6)
    二 公司治理制度 (7)
    三 股东退出制度 (9)
    四 公司监管制度 (10)
  第四节 研究主要内容及创新点 (11)
    一 研究主要内容 (11)
    二 研究的创新点 (13)
    三 研究的方法 (14)

第二章 股权众筹公司的实践困惑与理论争议 (16)
  第一节 众筹与股权众筹 (16)
    一 众筹的基本问题厘清 (16)
    二 股权众筹及其运作方式分析 (21)
  第二节 股权众筹公司 (38)
    一 股权众筹公司的实然状况 (38)
    二 股权众筹公司的应然状态 (45)

第三章　股权众筹公司设立制度对传统公司法律的突破 …………（49）

第一节　股权众筹公司的股东人数限制豁免制度 ……………（50）
一　股权众筹公司股东人数限制豁免的前提 …………（50）
二　股权众筹公司股东人数限制豁免的现实意义 ………（52）
三　股权众筹公司股东人数限制豁免制度的设计 ………（53）

第二节　股权众筹公司的发起人选任制度 ……………………（54）
一　股权众筹公司发起人的资格审核 …………………（55）
二　股权众筹公司发起人的责任 ………………………（58）

第三节　股权众筹公司的资本制度 ……………………………（60）
一　股权众筹公司资本制度的完善 ……………………（61）
二　股权众筹公司出资方式的创新 ……………………（62）

第四章　股权众筹公司的治理结构特色及制度创新 ……………（65）

第一节　创始人股东的股权管理制度 …………………………（66）
一　创始人股东的控制权维持 …………………………（67）
二　创始人股东股权的兑现行权规定 …………………（78）
三　创始人股东间权力的合理配置 ……………………（87）

第二节　众筹股东的持股方式选择 ……………………………（91）
一　股权代持 ……………………………………………（91）
二　有限合伙 ……………………………………………（95）
三　直接持股 ……………………………………………（99）

第三节　众筹股东的权益保障制度 ……………………………（103）
一　众筹股东身份的认定 ………………………………（104）
二　众筹股东单独计票制度 ……………………………（108）
三　众筹股东的强制分红权 ……………………………（111）

第四节　股权众筹平台的参与制度 ……………………………（114）
一　股权众筹平台作为控制者 …………………………（117）
二　股权众筹平台作为参与者 …………………………（120）
三　股权众筹平台作为监督者 …………………………（123）

第五章　股权众筹公司股东退出机制的特色与制度构建 ………（127）

第一节　股权众筹公司股东退出机制 …………………………（127）

一　股权众筹公司股东退出机制的现状……………………（127）
　　二　完善股权众筹公司股东退出机制的重要性……………（129）
　第二节　传统股东退出机制与股权众筹公司的契合性分析…（131）
　　一　协议退出…………………………………………………（132）
　　二　上市退出…………………………………………………（132）
　　三　新一轮融资退出…………………………………………（134）
　　四　并购退出…………………………………………………（135）
　　五　股权回购退出……………………………………………（136）
　　六　清算退出…………………………………………………（137）
　第三节　股权众筹公司股东退出机制的构建…………………（138）
　　一　健全股权众筹公司股东退出相关法律法规……………（138）
　　二　构建多层次资本市场体系………………………………（141）
第六章　股权众筹公司监管制度的重构…………………………（145）
　第一节　股权众筹公司监管制度的现状………………………（145）
　　一　股权众筹公司的监管现状………………………………（145）
　　二　监管现状的成因…………………………………………（147）
　　三　监管制度的重构…………………………………………（149）
　第二节　股权众筹公司的外部监管制度重构…………………（150）
　　一　公权力监管制度…………………………………………（151）
　　二　市场自律监管制度………………………………………（152）
　第三节　股权众筹公司的内部监管制度重构…………………（155）
　　一　股东监管制度……………………………………………（155）
　　二　独立监事制度……………………………………………（159）
余论…………………………………………………………………（161）
参考文献……………………………………………………………（162）
后记…………………………………………………………………（174）

第一章 绪论

股权众筹公司作为伴随股权众筹诞生的概念，从文意上来分析，其主要是指以股权众筹融资方式筹集资金所设立的公司，因法律并未对其形式进行单独的规定，可见除一人公司以外的任何公司形式都适用于股权众筹公司。股权众筹公司作为互联网金融的产物，在分散投资风险、减少筹资压力等方面具有鲜明的优势，同时其在设立、治理及监管方面也面临巨大挑战。为了股权众筹公司的健康发展，应根据其特点对公司的相应制度进行调整，进而设计出适合股权众筹公司的制度体系。

第一节 本书选题背景及理由

互联网金融的发展催生了股权众筹。在互联网金融的推动下，自主创业需求不断扩大，创业人群对小额融资的需求促使资本市场开始探索一种更适合该类人群的融资机制。可以说股权众筹不仅是顺应企业需求而生，更是顺应互联网金融发展之势而为。股权众筹打破了传统融资模式的限制，以互联网为媒介将投融资双方予以连接，为创业者提供了更为便捷的融资渠道，为投资者提供了更为多元的投资选择。

股权众筹最早诞生于美国，[①] 最初其一直游离于法律的调整范围之外，直至2012年《促进初创企业融资法》的签署，股权众筹正式

[①] 世界上第一个股权众筹平台Angellist于2010年诞生于美国硅谷，截至2014年9月，该平台已经收录创业企业30万个以上，通过该平台融资的项目接近6000个，初步实现了通过互联网渠道进行资金与项目的匹配、迅速促成融资的目的，一定程度上成为各个国家股权众筹平台的一个基础性样本。

得到法律的认可,并进入迅速发展时期。众筹事业在我国起步较晚,2014年以前股权众筹因与现有法律法规冲突,一直游走于法律的边缘,发展受到严重阻碍。为了扫清这一障碍,众筹行业内部与政府主管部门都积极采取对策:2014年10月31日,"中国(深圳)第一届股权众筹大会暨股权众筹行业联盟成立仪式"在深圳举行,标志着我国的股权众筹行业开始进入规范化运作模式。① 同年12月18日,《私募股权众筹融资管理办法(试行)(征求意见稿)》(以下简称《管理办法》征求意见稿)对外公布。2015年7月18日《关于促进互联网金融健康发展的指导意见》(以下简称《指导意见》)对外发布,该《指导意见》由央行会同有关部门制定,对股权众筹的概念、方式、服务对象等进行了明确的界定,并明确证监会负责对其进行监管。2014年11月"开展股权众筹融资试点"工作由李克强总理提出,随后股权众筹飞速发展。在相关政策的激励下,2015年新增涉及股权众筹的网络平台128家,传统电商巨头淘宝、京东等也纷纷推出股权众筹业务,使得股权众筹市场迅速成长。在2016年李克强总理所做的政府工作报告中股权众筹也有所体现,报告指出为了要推动、发挥大众创业"需要打造支撑平台,要利用'互联网+',积极发展众创、众包、众扶、众筹等新模式""缓解小微企业融资难题、以众筹促融资"。但随着股权众筹的发展,该行业的弊端也逐渐暴露,在有效的监管及相关改革政策迟迟无法颁布的情况下,我国股权众筹市场已经开始萎缩,据网贷之家发布的报告显示,截至2017年6月能够正常运营的股权众筹平台仅93家。

  股权众筹公司是股权众筹融资模式运作下的产物,与传统的公司相比股权众筹公司具有鲜明的时代感与优越性。首先,股权众筹公司符合国家"大众创业、万众创新"的号召。在党的十二届全国人大三次会议上,李克强总理指出"培育和催生经济社会发展新动力,推动大众创业、万众创新"②。股权众筹正是大众创业的催化剂,公司形式

---

① 《图解:2014年股权众筹大事记》,2015年1月1日,http://www.askci.coin/fiiance/2015/01/13/16648vyw4.shttnl,2017年4月12日。

② 曲宁等:《大众创业、万众创新》,《天津经济》2015年第5期。

又能很好地保护投资者的利益,因此在股权众筹中应用极其广泛。其次,股权众筹公司拓宽了投融资渠道,便利民间资本流通。综观国内金融市场,在政策的压力下传统金融机构对贷款存在明显的风险厌恶倾向,再加之复杂的贷款程序要求使其难以成为中小企业融资的主要渠道,选择公开发行证券需要承担的巨大代价,也使中小企业望尘莫及。[①] 与此同时,随着我国经济的发展,普通民众占有的闲置资金不断增多,民众对投资具有强烈的欲望。起初,房地产投资吸引了大量的民众闲散资金,但随着限购政策的出台,房地产投资的热潮已经退去。民众手中的钱如何实现增值成为一个新的问题,在没有正确的投资引导的情况下大量民间资本可能流入"地下钱庄",这不但不利于投资者利益的保护,也扰乱了正常的金融秩序。低门槛的股权众筹公司为民间资本的流通提供了合法的渠道,同时也解决了创业者融资难的困境。最后,股权众筹公司促进市场经济法律制度体系的完善健全。股权众筹公司作为依托互联网金融产生的新事物,具有普惠性、大众性、公开性等特点。这些特点决定了其需要一系列的配套制度如信息公开平台、征信系统、投资者保护机制等。为了满足股权众筹公司健康发展的需要,我国市场经济制度与法律制度必须进一步完善,相关配套制度必须尽快建立。

与股权众筹相同,作为其产物的股权众筹公司在我国的发展也并不顺利,目前股权众筹公司的发展也进入了瓶颈期,这些公司与传统融资方式建立的公司相比具有规模小、股东人数众多、股权极度分散、公司管理方式各异等特点。再加之我国尚未形成与股权众筹市场相匹配的法律约束机制和行业自律机制,从而导致很多股权众筹公司在取得"开门红"后,很快便陷入治理危机,甚至走向破产。这不但不利于股权众筹事业的进一步发展,也不符合我国市场经济发展的需要,因此为股权众筹公司设计一套合适的制度体系已经势在必行。

---

① 袁康:《互联网时代公众小额集资的构造与监管——以美国 JOBS 法案为借鉴》,《证券市场导报》2013 年第 6 期。

第二节 本书研究的现实意义

一 帮助股权众筹公司寻找恰当的制度体系,提高公司成功率

股权众筹公司与股权众筹行业相互依存,股权众筹公司的成功能够刺激更多的投资进入股权众筹市场。据统计数据显示,经过2015年的快速增长期后,股权众筹市场开始进入瓶颈期。无论是平台数量、项目数量还是筹资数额都在逐步下降。这与我国迟迟不推出股权众筹方面的利好文件有着一定的关系,除此之外,股权众筹公司本身的发展状况也影响了投资者的投资积极性。事实上,投资市场并非缺乏资金,而是缺乏信心。随着第一批股权众筹公司大部分走向失败,投资者开始对整个股权众筹行业丧失信心,对股权众筹公司的相关制度提出质疑。通过对股权众筹公司运作模式的分析可以发现,股权众筹公司的制度体系相当混乱。以公司治理制度为例,很多股权众筹公司盲目追求创新,为吸引投资者,在治理中过分追求公平而造成治理效率低下。为了使投资者重拾信心,使创业者走向成功,必须根据股权众筹公司的特点,设计一套适合其发展的制度模式,弥补现有制度的不足,提高股权众筹公司的成功率。

二 响应国家号召刺激公众的创业投资积极性

"大众创业,万众创新"被认为是推动中国经济继续前进的动力,而创业者中有绝大部分会选择设立公司这种途径。以最具创业气息的深圳为例,超过深圳常住人口10%的人选择自主创业,其中过半数的人拥有自己创设的公司。[①] 股权众筹门槛低,融资快的特点,必将成为大众创新创业者的首选。2015年互联网金融(众筹)研讨会上,中国众筹研究先驱、中国人民大学法学院副院长杨东教授表示:"在

---

① 娄月、周路平:《VC靠边,社群股权众筹来了》,《创业家》2015年第6期。

当前征信体系不完善，P2P的发展条件并不成熟的前提下，众筹可以很好地解决中国的传统金融机构无法满足众多中小企业和个人消费的需求，解决中小企业创业者融资难的问题。"[①] 股权众筹公司相较传统融资方式设立的公司，最大的特点在于投资门槛低，这种投资的低门槛恰恰符合当前大众投资的需求，降低了投资风险，使普通民众手中的闲置资金更容易流入金融市场，从而刺激公众的投资积极性。同时，股权众筹公司独特的融资渠道使其摆脱了传统金融机构的众多限制条件，为创业者提供了一条融资捷径，进而能降低创业的难度，提高创业者的积极性。

三　为相关立法提供建议

股权众筹作为一个全新的概念，必须运行在法律的框架内。为了使其取得合法地位，我国已经颁布一系列的规章制度。如中国证券业协会发布的《管理办法》征求意见稿，央行会同有关部委制定的《指导意见》等。但这些都属于部门规章，效力层级较低。要想切实保障股权众筹公司的健康发展，必须进行相关法律法规的修改完善。如《证券法》作为调整市场经济金融秩序的最高法律规范，应对股权众筹的性质、地位、运作方式、监管等进行明确的规定。《公司法》作为调整公司具体运行的法律规范，也应根据股权众筹公司的特点对公司的具体运作方式进行适当调整，不断进行制度创新以符合股权众筹公司发展的需要。正如张民安教授在其《公司法的现代化》一书中指出的："在一个经济落后的国家，是不应论及公司法上的利益平衡的。在经济落后的时代，公司法所担负的唯一历史使命是通过严格贯彻《公司法》所规定的有限责任制度来刺激社会公众的投资积极性，使他们愿意将自己的闲散资金投入公司组织，为公司组织瞬间聚集大量资本并因此而为开展大规模的商事经营活动提供物质保障。"[②] 股权众筹公司正是这一理论的充分体现，对股权众筹公司相关制度的研究，对建立与完善我国法律体系具有重要的现实意义。

[①] 杨东、黄超达、刘思宇编著：《赢在众筹》，中国经济出版社2015年版，第27页。
[②] 张民安：《公司法的现代化》，中山大学出版社2008年版，第38页。

第三节 国内外研究现状分析

目前国内外专门针对股权众筹公司相关制度的研究成果并不多见,大部分研究都集中在对股权众筹及众筹平台性质的界定、风险的防范以及法律的规制等问题上。而忽视了对众筹完成后股权众筹公司发展的关注,虽然股权众筹公司并没有超出现存的公司形式,但其依托互联网的公开性、大众性等特征都给公司发展带来了前所未有的挑战。且因其健康发展对股权众筹行业的发展具有巨大的推动作用,因此应针对股权众筹公司的特点,结合当前公司制度研究领域的相关理论成果,设计适合股权众筹公司的制度体系。

虽然目前没有专门针对股权众筹公司相关制度的研究成果,但股权众筹公司的问题已经暴露,因此在股权众筹公司相关制度的研究中主要应解决以下四个问题:(1)公司设立制度;(2)公司治理制度;(3)股东退出制度;(4)公司监管制度。这些问题在非以股权众筹公司为独立研究对象的公司相关制度研究中已取得相当丰硕的成果,可供本书吸收和借鉴。

一 公司设立制度

公司设立作为公司在成立之前的一系列实体法行为和程序法行为的总称,是公司依法取得法人资格的重要前提。所谓公司设立,不同的学者有不同的表述方法:如江平教授的著作[1]中认为公司设立是指在公司成立之前循序、连续进行的、目的在于取得公司法人资格的活动;再如范健老师[2]认为"公司设立本质在于使一个事实上已经存在或者正在形成中的社会组织取得民事主体资格,它的前提是一种特定的社会组织正在形成之中或者已经存在,它的核心是这种社会组织要

---

[1] 江平等:《新编公司法教程》,法律出版社1994年版,第69页。
[2] 范健:《设立中公司及其法律责任研究》,载王保树主编《商事法论集》第2卷,法律出版社1997年版,第134页。

完成从自然状态向法律形态的转变"；另外还有张民安老师[①]、毛亚敏老师[②]等都对公司设立进行过阐述。这些理论归根结底都承认一点，就是公司设立必须符合法定的程序与条件。综观针对公司设立的研究，张若楠博士[③]、郭川[④]等关注发起人；赵万一、吴民许老师[⑤]、金玄武博士[⑥]等关注出资；蒋大兴[⑦]等关注瑕疵设立的效力问题，而忽视了公司设立问题上意思自治的体现。本书对股权众筹公司设立制度的研究主要集中在其设立条件的特殊要求上，在充分体现股权众筹这一新兴事物特点的基础上，结合公司设立中的意思自治主义，将其合理规制于公司法的框架内。

二 公司治理制度

"迄今为止，不存在任何一种'通用'的治理制度能够解决所有类型公司中的代理问题。"[⑧] 股权众筹公司作为一种典型的非上市公众公司，其治理制度的构建应当受到足够的重视。公司治理制度在构建的过程中要解决和论证的核心问题是强制型与任意型规则的边界。这一问题起源于"公司法中的合同自由"之争，在该争论的基础上各国公司自治理论得到了进一步的发展。[⑨] 对本书写作具有参考价值的我国学者对公司治理制度的研究成果主要为：罗培新教授、吴越教授以

[①] 张民安：《公司法上的利益平衡》，北京大学出版社2003年版，第89页。

[②] 毛亚敏：《公司法比较研究》，中国法制出版社2001年版，第175页。

[③] 张若楠：《公司发起人法律制度研究》，博士学位论文，吉林大学，2012年，第73页。

[④] 郭川：《浅析公司发起人的法律责任》，《中南民族大学学报》（人文社会科学版）2003年第8期。

[⑤] 赵万一、吴民许：《论有限公司出资转让的条件》，《法学论坛》2004年第9期。

[⑥] 金玄武：《我国公司现物出资制度研究》，博士学位论文，山东大学，2011年，第138页。

[⑦] 蒋大兴：《公司法的展开与评判——方法·判例·制度》，法律出版社2001年版，第400—431页。

[⑧] OECD, "Corporate Governance of Non-listed Companies in Emerging Market (2005)", http://www.oecd.org/dataoecd/48/11/37190767, 2011-04-30.

[⑨] [美]杰弗里·N. 戈登、[美]马克·J. 罗：《公司治理：趋同与存异》，赵玲、刘凯译，北京大学出版社2006年版，第47页。

不同的经济结构为切入点,分析了公司治理在不同经济结构下应存在不同的建构路径。①另外甘培忠教授等、万国华教授关于非上市公司治理的著作②、李建伟教授关于非上市公众公司信息披露制度研究的论文③以及上海证券交易所关于《非上市公众公司法律问题报告》,从各自的立场出发,探索在我国目前外部市场缺乏流动性的前提下,非上市公众公司应当采取的治理模式,这对股权众筹公司治理模式的研究具有重要的指导意义。

股权众筹公司治理中最重要的就是合理配置公司权力,将公司创始人、众筹股东的权利与义务进行明确界定。关于公司治理中权力的配置学界一直存在争议,争论的焦点主要围绕董事会与股东的关系展开,④其中效率模式、权力模式、宪法模式是最具代表性的三种权力配置模式。效率模式又称经济契约模式,"股东中心说""董事会中心说"和"企业家中心说"是其代表,郑志刚⑤、赵渊⑥、Stephen M. Bainbridge⑦、John Coates⑧等学者分别在其著作中对各学说进行了论述。权力模式利用的是组织和管理理论,在公司治理中将公司看作

---

① 参见罗培新《公司法的法律经济学研究》,北京大学出版社2008年版,第69页;吴越《私人有限公司的百年论战与实际重构——中国与欧盟的比较》,法律出版社2005年版,第153页。

② 甘培忠、王冬梅:《非上市股份公司运营与治理法律制度研究》,法律出版社2012年版,第29页;万国华:《我国OTC市场准入与监管制度研究——基于非上市公司治理视角》,人民出版社2012年版,第70页。

③ 李建伟:《非上市公众公司信息披露制度研究》,《公司法律评论》2010年第10期。

④ Margaret M. Blair, "Reforming Corporate Governance: What Can Teach us", *Berkeley Bus., L. Rev.*, 2004, p. 1.

⑤ 郑志刚:《从"股东"中心,到"企业家"中心:公司治理制度变革的全球趋势》,《金融评论》2019年第2期。

⑥ 赵渊:《"董事会中心说"与"股东中心说":现代美国公司治理学说之辩》,《比较法研究》2009年第4期。

⑦ Stephen M. Bainbridge, "The Board of Directors as Nexus of Contracts", Lowa Law Review, Vol. 88, No. 1, 2002.

⑧ John Coates, "The Future of Corporate Governarce Part I: The Problem of Twleve", Harvard Public Law Working Paper, No. 19 Cot, 2018.

"拥有对公司控制权产生影响的内部结构和程序的有机机构",强调公司决策的政治性。① 公司治理的宪法模式严格说来并非一种独立的权力配置模式,其实质是权力模式的一种体现。宪法模式的目的是将公司治理关注的重点转移到现有规则上来,以现有公司结构和程序来解决问题。宪法模式的出现并非要取代已有的经济契约模式,只是为公司治理提供了一种补充方法,强调政治决策在公司治理中的重要性。② 另外,也有学者按照职权与责任对公司治理模式进行划分。两种模式突出的重点不同,职权模式强调公司运营的维持,无论是程序还是实体规则的设定都是为了以最为有效的方式支持公司的决策。责任模式则强调对个人违规行为的关注,实体和程序规则的设立是为了对个人违规行为进行威慑,并提供相应的救济措施。③

三 股东退出制度

股东退出机制的不健全一直是制约股权众筹公司发展的瓶颈。投资者投资股权众筹公司后获得的仅仅是公司的股份,这种权益只属于"静态"资产,并不能在短时间内再次变为现金。只有通过完善的退出机制,使股份可以自由转让,帮助"静态"的资产转化为"动态"的资产,实现投资者获利的目的,同时使股权众筹获得的资金流动起来,从而保障投资者的利益及股权众筹市场的长期发展。传统股东退出机制包括上市、股权转让、清算退出三种主要方式,这些机制主要针对较成熟的公司,因为其周期较长,风险较大,对于股权众筹公司而言并不是最佳的选择,在付桂存[④]、赵雪[⑤]、刘占辉[⑥]等的论文中都

---

① Dallas L., "Tow Models of Corporate Govemance: Beyond Berle and Means", *Journal of Law Reform*, Vol. 22, No. 19, 1988, p. 25.

② Stephen Bottomley, "From Contractualism to Constitutionalism", *Sydney Law Review*, No. 19, 1997, pp. 312-313.

③ Michael P. Dooley, "Tow Models of Corporate governance", *The Business Lawyer*, No. 47, 1995, p. 463.

④ 付桂存:《中小企业股权众筹的融资风险及其防控机制》,《河南师范大学学报》(哲学社会科学版)2016年第9期。

⑤ 赵雪:《股权众筹二级市场法律制度研究》,《法制与社会》2015年第10期。

⑥ 刘占辉:《股权众筹的退出机制研究》,《法制博览》2016年第12期。

已对其进行了论述。应该采用什么样的机制实现股权众筹公司中股东的退出，可以借鉴国外经验。澳大利亚、美国、英国、以色列等国家已经开始着手股权众筹退出机制的建设，自 2011 年开始，已有不少股权众筹项目成功退出的案例。荷兰、日本、英国正在积极探索股权众筹转让平台的构建，其中荷兰以股权众筹平台为基础构建股权众筹股权转让系统，日本和英国则积极筹建一个新型的适用于股权众筹股权自由转让的场所。我国学者也紧随其后，对股权众筹公司的股东退出机制进行了创新研究，如徐小俊①主张将股权众筹与新三板进行结合。另外还可以借鉴关于私募股权的退出方式，可参见李晓龙、赵志宇②，赵吟③，苏苑秋④等学者的论文。众筹业界也在为股东退出机制的完善积极进行尝试，2015 年 12 月 23 日股权众筹平台 36 氪首推"下轮氪退"的股权众筹退出机制。该机制一经推出就引起业内高度关注，被认为是众筹平台积极探索退出机制的大胆尝试。另外，京北众筹与北京股权交易中心战略合作，为已经股权众筹成功的企业提供挂牌及股权流转服务，拓宽退出渠道；云投汇则安排了隔轮退出的通道机制。⑤

四 公司监管制度

公司监管制度可以分为内部监管与外部监管两种。关于内部监管学者的研究主要集中在独立董事制度、独立监事制度以及股东诉讼制度上。独立董事制度在英美国家已经是一项较为成熟的制度，作为一种舶来制度，我国学者刘俊海教授⑥、彭丁带教授⑦、彭真明

---

① 徐小俊：《发展新三板股权众筹》，《中国金融》2015 年第 3 期。

② 李晓龙、赵志宇：《私募股权退出机制的经济法视角探析》，《天津法学》2013 年第 2 期。

③ 赵吟：《论我国公司型私募股权投资基金的退出机制》，《上海金融》2013 年第 1 期。

④ 苏苑秋：《浅析我国私募股权退出机制选择与完善》，《时代金融》2013 年第 9 期。

⑤ 崔敏：《股权众筹退出机制破冰》，《中国企业报》2016 年 1 月 12 日第 6 版。

⑥ 刘俊海：《我国〈公司法〉移植独立董事制度的思考》，《政法论坛》2003 年第 3 期。

⑦ 彭丁带：《美国的独立董事制度及其对我国的启示》，《法学评论》2007 年第 4 期。

教授等[1]从比较法的角度分析了独立董事制度对我国公司治理的作用，顾功耘教授等[2]、赵万一教授等[3]则以我国公司治理现实需求为背景，提出了完善我国独立董事制度的建议。独立监事制度最早诞生于日本，是在借鉴独立董事制度的基础上建立起来的一项内部监督制度。目前我国公司法并未引进该制度，但就股权众筹公司的监管实践来看，独立监事的引进有利于股权众筹公司监管机制的完善。公司的股东诉讼制度历来是我国学界研究的重点，刘凯湘教授[4]、吴建斌教授[5]等诸多学者都对其进行过研究。对于公司外部监管制度完善的研究，主要集中在对公司产品、资本以及经理市场监督作用的完善，以及信息披露制度的健全上，可参见阮世能博士[6]、李建伟教授[7]的论文。另外外部市场的监督还应该包括中介机构和行业协会的监督。

第四节　研究主要内容及创新点

一　研究主要内容

股权众筹公司的健康发展不但有利于鼓励大众创业、万众创新，更能够促进股权众筹行业的发展，加速我国多层次资本市场体系的构建。本书从股权众筹公司面临的困境入手，分析股权众筹公司的相关

---

[1] 彭真明、江华：《美国独立董事制度与德国监事会制度之比较——也论中国公司治理结构模式的选择》，《法学评论》2003年第1期。

[2] 顾功耘、罗培新：《论我国建立独立董事制度的几个法律问题》，《中国法学》2001年第6期。

[3] 赵万一、陶云燕：《对独立董事制度功能的重新思考》，《西南民族大学学报》2004年第3期。

[4] 刘凯湘：《股东代表诉讼的司法适用与立法完善》，《中国法学》2008年第4期。

[5] 吴建斌：《股东代表诉讼制度及其在我国的确立和完善》，《南京大学学报》（哲学社会科学版）2000年第1期。

[6] 阮世能：《公司监督机制法律问题研究》，博士学位论文，西南政法大学，2004年，第49页。

[7] 李建伟：《非上市公众公司信息披露制度研究》，《公司法律评论》2010年第10期。

制度特色，并试图为其寻找合适的解决路径。本书将从以下几个方面来分析股权众筹公司的制度特色并提出相应的完善建议。

(一) 股权众筹公司设立制度对现行《公司法》的突破与完善

作为依托股权众筹这种互联网金融模式而生的公司，其融资方式和股权结构与传统公司相比存在巨大区别，特别是在公司设立制度上甚至与现行《公司法》的相关规定存在冲突之处。为了体现股权众筹公司的特色，充分发挥其融资优势，必须对现行《公司法》的公司设立制度予以突破与完善。在传统公司设立制度的基础上，股权众筹公司应建立自己独有的设立制度体系，如对公司股东人数限制的豁免，对公司发起人的资质审查，对公司资本制度的完善和出资方式的创新等。

(二) 股权众筹公司治理结构的特色及制度创新

股权众筹公司在我国的定性属于一种临界于公众公司与闭锁公司之间的过渡型公司形态，既具有近似于公众公司的股东人数规模，又具有闭锁公司中典型的大股东操纵下的所有权与经营权重合的治理结构。因此在其公司治理制度确定的过程中应兼顾其公众性与闭锁性的双重特点。尤其是对股权众筹公司权力的配置是公司治理制度研究的重点与难点，构建股权众筹公司高效有序的治理制度，关键在于公司权力的分配，其中创始人控制权的维持与行权制度，众筹股东的权益保障制度，参与制度等都应根据公司的现实需要进行明确的规定。

(三) 股权众筹公司的股东退出机制

股权众筹公司的股东退出制度缺失一直以来是威胁整个股权众筹行业发展的最大障碍。对于股权众筹的投资者而言，退出机制的缺失必然导致股权的流动性不足，流动性不足意味着投资者难以通过股权出让的方式获得投资回报，增加了投资者的投资风险，一定程度上抑制了投资者的投资热情。而对于股权众筹公司来说，退出机制不健全可能会使公司面临股价折价的尴尬局面，最终不利于股权众筹公司的良性发展。构建股权众筹公司股东退出机制应建立在现实需要的基础之上，分析现有股权众筹公司的股东持股现状和多层次场外资本市场的大环境，有针对性地完善股权众筹公司股东的退出机制。同时为了防止投机现象的泛滥，应从利益平衡、程序等方面上对股东的退出进行限制。

（四）股权众筹公司的监管制度现状与重构

完善的法律配备是监管的制度保障。目前，针对股权众筹监管的专项法规还在酝酿当中，对股权众筹公司的监管更是无暇顾及，因此当前对股权众筹公司的监管措施主要来自已有法律法规如《证券法》《公司法》的相关规定。但这些监管措施存在立法滞后、价值冲突、路径依赖等问题。股权众筹公司的监管制度应该做到帮助股权众筹公司在发展中寻求到效率与安全的平衡点，实现安全与效率的统一。监管制度的构建应做到内外结合，宽严适度。外部监管除传统的行政监管手段外，还需要创新监管方式，引入市场自律监管，完善监管体系。内部监管制度的完善主要通过股东监管制度中众筹股东诉权的保障及网络股东大会的推广，以及独立监事制度的引进来实现。

二 研究的创新点

（一）选题创新

股权众筹本身就是一个全新的概念，虽然股权众筹的形式事实上已经存在，但《管理办法（试行）》颁布以前，其在我国并无合法地位。目前国内的研究主要集中在股权众筹本身的性质及风险防范领域，而对于筹后的管理却几乎没有学者涉及。事实上，将研究的触角深入股权众筹完成后，股权众筹公司的经营与发展上是十分必要的。现实中，由于制度的脱节与限制，大量的股权众筹公司在成长的过程中不幸夭折，现实的需要亟待理论界对股权众筹公司的相关制度完善提出建设性意见，本书以股权众筹公司为独立研究对象正是适应现实需要，弥补我国公司法研究领域的空白。

（二）公司制度创新

通过对股权众筹公司成功与失败治理案例的对比分析，发现股权众筹公司的制度特色并进行进一步的创新与完善。首先，股权众筹公司由于其独特的股权结构及股东构成使其不能完全照搬传统公司的制度模式，尤其是在公司治理制度层面，必须充分发挥创始人的积极作用，并根据众筹股东参与公司管理的意愿对其进行分类。其次，股权众筹公司应紧紧依靠场外股权交易市场，探寻适合自身的股东退出制度，满足多层次的场外市场需要。最后，股权众筹公司必须接受来自众筹股东、集资平台、资本产品市场等相关方面的监督，以完善的信息披露制度和高效的内部监督制度保障其健康发展。

（三）为相关法律的完善提供建议

本书写作正值我国股权众筹立法的探索期，2014年《管理办法》征求意见稿对外公布，业界针对该管理办法的局限性也讨论了公募股权众筹管理办法的可行性。同时我国《公司法》《证券法》修改完善正处于关键时期，本书的研究可以为股权众筹的相关立法提供建议，同时本书针对股权众筹公司相关制度的完善建议也可以弥补公司法在非上市公众公司相关制度设计上的空白。

三 研究的方法

本书以法律人的思维模式，同时借鉴经济学、管理学等交叉学科在公司相关制度研究方面的优势研究方法，通过比较分析、实证分析及经济学分析等方法，论证和构建股权众筹公司的相关制度。

（一）比较分析方法

法律制度之间的比较与吸收借鉴一直是法学领域广泛应用的研究方法，通过对已经确立相应法律制度国家或地区法律的研究分析，发现其优势，并结合自身特点进行本土化借鉴。本书通过对美国、加拿大等允许股权众筹合法存在国家的制度安排，分析了我国当前股权众筹面临的困境及股权众筹公司的发展前景。

（二）实证分析方法

一项制度能否有效落地实施，不能仅仅停留在"纸上谈兵"的状态，而是应当结合众多的典型实证案例，分析其实证经验，以实践来检验理论是否正确。股权众筹公司在实践中经历了众多变革，从众筹咖啡馆模式到互联网高科技股权众筹公司，其经历的发展阶段产生的实证案例，能够具有一定的典型性，通过对真实案例的分析，能够帮助股权众筹公司探索出一条恰当的发展路径。

(三) 经济学分析方法

经济学的分析方法是近几年来被诸多学科广泛借鉴的一种研究模式，股权众筹公司由于其融资模式的特殊性，导致其与经济运行、公司结构存在紧密的联系，这也就成为经济学分析方法可以借鉴使用的切入口。本书在股权众筹公司治理模式的改革中，引用了契约理论、委托代理理论、控制权理论等经济学经典理论作为支撑。

第二章 股权众筹公司的实践困惑与理论争议

第一节 众筹与股权众筹

一 众筹的基本问题厘清

（一）众筹的概念及特征

"众筹"一词从词源上来看是英文公众搜索（crowdsourcing）和微型金融（microfinancing）含义的融合，也体现了众筹与互联网密切的联系。[1] 从字面意义上来解释，众筹就是以资助个人、公益事业或商事企业为目的而面向公众筹集资金的行为。[2] 因为众筹大多依托互联网进行，因此很多学者也将众筹定义为依托互联网的融资方式，如 Devashis Mitra 认为众筹是 2009 年出现的网络商业模式，是一种科技融资创新，是指一群人通过互联网为某一项目或某一创意提供资金支持从而取代诸如银行、风投、天使投资这类公认的融资实体或个

---

[1] Bradford, C. Steven, "Crowdfunding and the Federal Securities Laws", *Columbia Business Law Review*, Vol. 22, No. 1, 2012, p. 27. Belleflamme, Paul and Lambert, Thomas and Schwienbacher, Armin, " Crowdfunding: Tapping the Right Crowd ", *Journal of Business Venturing*, July 9, 2013, p. 8.

[2] Shahrokh Sheik, "Although Donation-based Crowdfunding Has Experienced Some Success' Questions Remain aboutthe Practicality of Equity-based Crowdfunding", *Los Angeles Lawyer*, May, 2013, p. 1.

人。① Ordanini A.、Miceli L.、Pizzetti M. 在其论文中也将众筹界定为"一种大众通过互联网相互沟通联系并汇集资金支持由其他组织和个人发起的活动的集体行动"②。我国很多学者也直接借用了这一概念，将众筹认定为依托互联网的新型融资方式。

不可否认，众筹的确是随着互联网金融的迅速发展而被人们所熟知，但众筹本身并不仅仅局限在互联网领域，其只是依托互联网得以迅速发展。学者之所以如此定义应该是受 Fundavlog 融资平台创始人迈克尔·沙利文的影响。Fundavlog 融资平台建立于 2006 年，发起人可以通过该平台发布视频，并以此来吸引投资者进行融资。不久后，维基百科将众筹融资定义为"人们通过互联网汇集资金，以支持由他人或组织发起的项目的一种群体性合作"，《麦克米伦词典》《牛津词典》也都采纳了这种定义方式。其实在互联网诞生以前，众筹就已经存在，只是由于其辐射范围没有互联网时代广而没有引起足够的重视。从本质上来讲，众筹并非债权融资或股权融资之外的一种新的融资方式，其之所以得以迅速发展并广受推崇的原因在于与传统的融资方式相比，众筹融资门槛低，融资项目具有初创性、高风险性以及投资主体大众化，③ 这正迎合了中小创业者和大众投资市场的需求。从已有的定义来看，大多学者将众筹的概念限定在互联网范围内，这无疑有缩小其外延之嫌，导致众筹概念的不周延。因此，本书认为众筹应该定义为：为实现一定目的或达到某一目标，利用某种方式或平台面向普通公众筹集资金的融资方式。

从众筹的概念来分析其应具备以下特征：（1）人数多，门槛低。众筹最大的特点就在于其广泛的参与性，众筹之"众"要求其降低融资门槛，越多人参与，成功概率就越大。众筹投资者可以根据自己的

---

① Devashis Mitra, "The Role of Crowdfunding in Entreprenenrial Finance", *Delhi Business Review*, Vol. 13, No. 2, 2012, pp. 67-72.

② Ordanini A., Miceli L., Pizzetti M., "Crowd-funding: Transforming Customers into Investors through Innovative Service Platforms", *Journal of Service Management*, Vol. 22, No. 4, 2011, p. 67.

③ 杨东、黄超达、刘思宇编著：《赢在众筹》，中国经济出版社 2015 年版，第 39 页。

经济状况选择投资金额，最低甚至可以为"一元"，这样小额的投资既刺激了投资者的投资热情又有效地对其进行了保护，实现了风险的分担。（2）项目多样。早期众筹主要集中在图书出版、音乐制作、影视创作等领域，现如今其项目已经涉及人们的衣、食、住、行各个领域。①（3）不借助传统金融机构。传统融资方式主要依赖银行、风投等，这些金融机构本身运作的成本就极高，为了保证回报率，通常都对融资对象进行严格的审查，并要求其提供相应的担保。加之近几年金融市场的不稳定因素增加，导致银行惜贷，风投缩减投资，创业者融资更为困难。众筹不需要传统金融机构的介入，筹资方式更为灵活，融资门槛较低，这样的方式使得融资的效率得到了提高，交易成本也大大下降，展示了巨大的内在经济价值。

很多学者将为初创企业提供小额融资视为众筹的特征，但随着众筹的不断发展，很多大型公司也开始通过众筹筹集资金，大额的众筹不断涌现如："Wi-Fi 万能钥匙"通过众筹成功融资 6500 万元，颠覆了公众对股权众筹只是"小打小闹"的看法，让普通人和民间小基金首次有机会投资身价十亿美元的公司。② 人人投策划的众筹生态链项目的众筹融资金额更是达到了 2 亿元。可见众筹已不仅仅是为中小企业提供创业资金的融资渠道，其已突破企业规模与融资额度的限制，因此不应将为初创企业提供小额融资作为众筹的特征之一。

（二）众筹的国内外发展现状

众筹起源于商业经济极其发达的美国。最早的众筹诞生于音乐领域，2001 年 Artistshare 公司诞生，其被誉为众筹领域的先锋。该平台筹集资金的目的是资助那些有才华的音乐人从事音乐创作，据资料显示该平台资助的音乐人多次获得格莱美奖。2006 年 Fundavlog 融资平台设立，其创始人迈克尔·沙利文第一次使用众筹这一概念解释了该

---

① 据互联网股权众筹平台天使汇发布的报告显示，2014 年前三季度在该平台上发布的股权众筹项目涵盖了本地生活服务、移动社交、电子商务、教育培训、移动互联网、广告营销、工具软件、智能硬件、旅游户外等 13 个大类。

② 陆绮雯：《国内股权众筹史上最大单诞生》，《解放日报》2015 年 6 月 17 日第 2 版。

融资平台的核心理念。①2005 年面向大众的众筹网站开始出现，②随后涌现了诸如 Kickstarter、IndieGoGo、Fundable 和 AngelList 等一大批知名众筹网络平台，也加快了众筹发展的步伐。其中 2009 年上线的 kick starter 最为引人注目，该平台已于 2015 年 9 月宣布改组为"公益公司"。根据该平台公布数据显示截至 2017 年 6 月，Kickstarter 上总共发起融资项目 135951 个，参与人数已达 13975587 人次。③据相关网站统计显示，2009 年全球众筹融资额仅为 5.3 亿美元，至 2016 年全球众筹融资额已逼近 2000 亿美元。众筹平台也由 2007 年的全球不足 100 家，发展到 2018 年的全球几千家。最初众筹主要活跃于北美及欧洲等发达资本主义国家，直至 2012 年其融资额仍然占据全球众筹融资额的 95%。随着众筹市场在全球的推广，发展中国家的融资比例逐年上升，据世界银行的专家预测，2025 年全球发展中国家的众筹投资将达到 960 亿美元，中国有望达到 460 亿至 500 亿美元。④2009—2016 年是全球众筹行业发展的井喷期，自 2017 年开始，全球众筹行业呈现整体下滑的趋势。根据全球众筹指数（Crowdfundingand Marketplace Finance Index，CAMFI）显示，自 2017 年开始全球众筹行业发展速度逐步放缓，2017 年 6 月开始呈现整体下滑的趋势。之所以会出现这种行业整体下滑的趋势，原因是多方面的，市场的需求度、监管制度及行业内部的制度完善等。⑤

在我国历史中，类似于众筹的模式也曾经出现过。北大光华管理学院曹凤岐教授就曾经表示："众筹始于中国古代，并非西方，虽然

---

① 赵炜：《众筹：想说爱你不容易》，《中国对外贸易》2013 年第 11 期。
② 2005 年在美国成立的众筹网站 Kiva 是最早为大众提供众筹业务的网络平台，与当今的众筹网站相比，其并不算是完全意义上的众筹网站，它类似于一个建立在银行、基金公司等金融机构与大众投资者之间的信息中介。
③ https://www.kickstarter.com，2022 年 10 月 8 日。
④ 魏经婷：《世行预计：2025 年中国 80% 的融资额将是股权众筹》，《长江商报》（网络版）2016 年 5 月 2 日，http://finance.ce.cn/rolling/201605/02/t20160502_11107605.shtml，2022 年 10 月 8 日。
⑤ 王晓易：《首个全球众筹指数发布 6 月全球众筹行业整体下行》，《新华社新媒体专线》2017 年 7 月 24 日，http://news.163.com/17/0724/16/CQ4E590800018AOQ.html，2022 年 10 月 8 日。

规则不完全一样，但理念是类似的。"① 标会就是我国典型的传统民间众筹融资方式，其来源于我国"婚丧嫁娶随份子"的传统，逐渐形成一个由同乡的若干人成立的团体，该团体定期开会，开会时大家都各自带一笔数量相同的钱过来凑成一笔较大数目的钱，然后通过对使用这笔钱的利息高低进行竞标，利息出得最高者就可以获得这笔资金的使用权。但下次开会时获得资金使用权的人就不仅要带着一笔和大家数目相同的钱，还要把利息也带来，并且不能再参与竞标。由剩下还没有获得资金的人来相互竞标。这种融资方式被学术界称为"轮转储蓄和信贷"的民间合作金融，② 就是本质类似于今天我们所说的债权众筹。另外，我国古代修建大寺庙资金通常是由官方或贵人资助，而小寺庙的钱则由民间集资、化缘或做法事获得，这种建庙筹钱的方式在今天看来也和众筹有异曲同工之妙。

现代意义上依托互联网的众筹，我国起步较晚。2011 年"点名时间"的上线标志着我国正式踏入互联网众筹领域。最初的两年，互联网众筹行业发展较为缓慢，众筹平台的数量增加不多。2014 年，众筹概念开始被大众接受，再加之网络媒体的大力宣传，众筹平台一夜之间如雨后春笋般迅速崛起。其中 2014 年新增运营平台 142 家，2015 年新增运营平台 125 家，截至 2015 年年底全国共计拥有众筹平台 354 家。③ 如果说 2011 年是中国众筹的元年，那么 2014—2015 年就是中国众筹行业发展的井喷期，此时的众筹市场在缺乏监管的情况下呈现野蛮生长的态势，众筹平台多而不精，平台利用率不高，融资成功率不高，隐藏着巨大的行业隐患。自 2016 年开始，随着政府相关政策的公布，在整体大环境趋于严格的前提下，整个众筹行业的发展开始放缓，一些平台被迫下线，整个行业进行了一轮洗牌。目前，由于政

---

① 王晓易：《中国古代就有众筹》，https：//www.163.com/news/qrticle/BBousBRQ000/44ED.html。

② 王勇、张博然：《股权众筹发端与当下运行的有效机制》，《改革》2015 年第 12 期。

③ 融360 大数据研究院、中关村众筹联盟：《2016 中国互联网众筹行业发展趋势报告》，《新华财经》2016 年 1 月，https：//www.sohu.com/a/54421020_119663，2022 年 10 月 10 日。

府的相关政策及实施细则迟迟未予公布,导致整个众筹行业的前景依然不甚明朗,未来可能充满了不确定因素。①

二 股权众筹及其运作方式分析

众筹是一个较为宽泛的概念,其中根据众筹回报的不同又可以分为股权式、奖励式、捐赠式、借贷式四种基本类型。其中股权式众筹最能体现众筹优势,且从公司法的角度出发最具有研究价值,基于此,对于其他三种众筹模式此处就不再赘述,在此只对股权众筹及其运作方式进行简要的分析。

(一)股权众筹

股权众筹较之奖励式众筹出现的时间要晚,但其所蕴含的潜力却是目前其他任何众筹模式都无法企及的。最早的股权众筹概念来自美国硅谷,第一家股权众筹平台 Angellist 最初只是为投资者和创业者提供信息交流的平台,后期随着平台运作的不断成熟逐渐演变为创业者与投资者之间的融资平台。最初平台的合法性一度受到质疑,但随着 2012 年 JOBS 法案的公布,其合法地位得到了肯定,Angellist 开始在融资活动中扮演更积极的角色。从概念上来讲,股权众筹是指初创企业试图通过股权众筹融资平台发布其资金需求、融资项目等信息,作为回报投资者可以获得该项目一部分股份(股权)的融资模式。②

在我国当前法律框架下,真正意义上的"股权"众筹融资并不存在。在法律的限制下,没有任何一个平台敢通过平台直接售卖股权,目前大多数股权众筹平台采取了对投资者进行限制或进行组织变通的方式来规避法律对于公开发行的限制规定。这种募集方式已被定义为"通过互联网形式进行的非公开股权融资",也就是业界所称的私募股

---

① 云投汇、京北众筹、36 氪:《2017 联网众筹行业现状与发展趋势报告》,https://www.docin.com/p-1953404303.html。

② S. C. Bradford, "Crowdfunding and the Federal Securities Laws", *Columbia Business Law Review*, Vol. 1, 2012, p. 34.

Paul Belleflamme, Thomas Lambert, Armin Schwienbacher, "Crowdfunding: Tapping the Right Crowd", *Journal of Business Venturing*, Vol. 28, 2013, pp. 100-103.

权众筹。① 与此同时，我们也应该清晰地认识到，私募只是股权众筹的一种方式，股权众筹的完整内涵应该包括目前业界所称的私募与公募两个部分。与其他互联网融资方式相比，真正意义上内涵完整的股权众筹具有鲜明的特征：

1. 股权众筹与 P2P

P2P 来自英文"person to person lending"② 的缩写，意味个人对个人之间的小额借贷。P2P 的出现依赖于小额信贷的发展，小额信贷机构主要为那些无法通过正常途径获得商业贷款的企业或个人提供短期的小额贷款，该贷款不需要抵押仅依靠借款人的信用就可以获得。③ 随着互联网的发展，P2P 有了更为广阔的空间，借助互联网P2P 金融成功实现了借款人与贷款人的直接对接。从概念来看，P2P 和债权众筹有很多的相似之处，比如都需要依赖网络平台，借款对象都是不特定多数人，甚至有些学者认为两者本就是一物。然而事实并非如此，P2P 不但与债权众筹不同，与股权众筹更是区别甚大。

首先，法律关系不同。P2P 形成的法律关系为债权关系，借款人获得资金的同时贷款人获得相应金额的债权。股权众筹形成的法律关系为股权关系，借款人获得资金的同时出资人获得相应的股权。

其次，服务对象不同。P2P 的服务范围较广，通常情况下只要借贷双方达成合意，所融资金可以是为了生活、学习或者其他消费。股权众筹主要服务于小微或初创企业，融资者可以是创业者个人，但融资的目的必须是具体项目的实施或具体产品的研发。

最后，运作模式不同。P2P 发展初期主要采取的是一对一的运作模式，但随着市场的不断发展演变，P2P 的运作模式也发生了变化，现在的 P2P 运作中融资者可以是一人也可以是多人，同样投资者也没有了人数上的限制。"一对一、一对多、多对一、多对多"的运作模

---

① 杨东、苏伦嘎：《股权众筹平台的运营模式及风险防范》，《国家检察官学院学报》2014 年第 4 期。

② 也可译为"Peer to peer"。

③ Magee J. R., "Peer-to-peer Lending in the United States: Surviving after Dodd-Frank", *NC. Bank*, Vol. 15, 2011, p. 139.

式在P2P中都可以遇见。无论采取哪种运作方式，通常情况下债权人都直接享有债权。股权众筹采取的是一个融资方，对应多个投资方的"一对多模式"，但由于我国法律的限制，大多数的投资人并非直接享有股权，而是采取有限合伙的方式入股融资方，由一个代表或领投人代持股份。

2. 股权众筹与PE/VC

PE（Private Equity）即私募股权投资,[①] VC（Venture Capital）即风险投资[②]。事实上PE有广义与狭义之分，广义的PE能够覆盖VC的概念,[③] 与PE相比VC更倾向于投资高新技术企业，这类企业的投资回报率较高，但同时也需要投资者承担更大的风险。为了保证投资的回报，VC通常会扮演一个积极的角色，主动参与公司治理，关注企业的长期效应。股权众筹也是投资于企业初创阶段，投资者获得相应的股权，投资者可以依股权享有一定的利益，也可以通过公司上市或回购股份来实现收益。但由于面向对象的不同，股权众筹与PE/VC都存在很多区别。

第一，性质不同，吸引的投资者不同。股权众筹目前虽界定为私募性质，但从本质上讲公募才是其优势最大的体现方式。公募股权众筹面对的对象是不特定的多数人，为了最大限度地吸引投资者，不应对投资者的资格进行限制。而作为私募性质的PE/VC，因具有较高的风险性和投资门槛限制，必须对投资者进行筛选，只有具备一定的专业投资知识和风险识别能力的人才能成为其合格的投资者。

第二，融资渠道不同。股权众筹主要依托互联网众筹融资平台发布项目信息，并寻找投资者，众多的草根投资者在网络平台或资深领投人的带领下进行投资；而PE/VC虽有时也通过网络平台来寻找项

---

① 指以私募的形式对非上市企业进行股权投资，通过将来公司上市、管理层回购等方式，出售股权实现投资回报的一种投资方式。

② 是指职业投资人通过对处于种子或初创期的企业进行投资，获得相应股权，通过指导辅助公司上市、并购等方式实现投资回报收益。

③ 广义PE投资的范围涵盖企业上市前的所有阶段，包括VC的职能。随着我国金融市场和监管环境的日益完善，PE和VC的职能与定义也将逐渐明晰，本书PE采取的是狭义的概念。

目，但更多的是靠其专业的投资知识与经验，去主动筛选优质项目，并且在进行投资前需要对项目进行严格的尽职调查。

第三，参与公司管理的意愿不同。股权众筹由于投资人目的不同，投资金额不大且大多具有固定职业，其参与公司管理的意愿并不强烈；PE/VC 通常对投资的项目倾注大量资金，因此更注重公司的发展，参与公司管理的意愿强烈，并乐于为公司提供资源、管理、项目营销等方面的帮助。

3. 股权众筹和 DPO

"Direct Public Offering" 简称 DPO,[①] 与 IPO 的不同之处在于，DPO 实现了发行者与投资者的直接对接，其申报程序相对简单，对信息披露的要求也没有那么严格。[②] 从表面特征来看，其与股权众筹有诸多相似之处，但两者之间仍有明显的区别：

第一，法律环境不同。DPO 诞生于美国，且深受高科技小企业和网络公司的喜爱。[③][④] 而到目前为止我国并不承认 DPO 的合法性，且根据我国法律的相关规定，DPO 要想在中国取得合法地位还有很长的路要走。

第二，参与主体不同。股权众筹参与主体有三方，分别是融资方、投资方和股权众筹平台。其中股权众筹融资平台作为信息发布平台是投资方与融资方沟通的桥梁，同时也是融资项目最初的审查者，在整个融资过程中具有独立的法律主体资格。DPO 的运作中虽也借助网络平台，但这个平台隶属于拟上市公司，不具备成为独立法律主体的资格，事实上，在 DPO 的过程中只存在两方主体：投资方与融资方。

[①] 网络直接公开发行，是指发行者在互联网上直接发布股票发行信息，不借助或不通过承销商或投资银行公司，直接公开发行公司的股票。

[②] 张倩：《中小企业海外融资研究》，博士学位论文，西南财经大学，2010年，第74页。

[③] 1995年10月，美国证券交易委员会发表了一份题为《利用电子媒体传播信息》的公开报告对 DPO 的法律效力予以了确认。

[④] 雷华顺：《众筹融资法律制度研究——以信息失灵的矫正为视角》，博士学位论文，华东政法大学，2015年，第45—47页。

第三，融资金额不同。股权众筹属于典型的互联网小微金融，尤其是传统意义上的股权众筹其融资金额通常较少，投资者人数众多，但投资金额并不大，因此风险多处于可控状态。DPO作为网络简易版的IPO，对融资金额并未进行限制，也正因为如此，其投资者面临的风险较大。

(二) 股权众筹的运作方式分析

在实践中，股权众筹主要有两种基本的运作方式，分别是线上股权众筹和线下股权众筹。

1. 线上股权众筹

线上股权众筹是指投资人与股权众筹项目的发起方在独立的第三方股权众筹平台的撮合下完成投资交易的股权众筹模式。目前线上股权众筹是我国众筹行业的主流，该模式中存在三方主体即融资方、股权众筹平台及投资者。下面分别对其进行介绍：

首先是作为股权众筹项目发起者的融资方，一个股权众筹项目中只存在一个融资方。在实践中，融资者可以是已设立的创业公司，也可以是将要设立公司的创始人。已设立公司进行股权众筹，由该公司直接作为融资方，以股权作为融资工具。投资者的资金将通过公司增资的形式进入公司账户，投资者将成为公司的股东，直接或间接持有公司股权。[①] 在实践中，公司增资会有溢价，估值往往会大于公司注册资本。在此情况下，投资人的资金根据公司估值大小折算成一定比例，其中一部分作为公司注册资本，另一部分则计入公司资本公积金，归增资后全体股东所有。尚未设立公司的股权众筹项目，由项目创始人发起，同样以股权作为融资工具。由于公司尚未成立，其实质类似于招募联合创始股东。由于创始人在项目的创意及架构上进行了大量的工作，在进行股权众筹时，该项目本身也会进行估值，并根据该估值来确定股权众筹中募集资金的数量及其所占的股权比例。通常募集到的资金按照一定的比例进行折算，其中一部分作为拟设立公司

---

① 因我国法律的限制，如果投资者人数较少，则可直接投资成为公司股东，直接持有公司股权。若人数过多，为了股权变更登记和股东决策便捷的需要，避免触及法律红线，则需要采取代持或有限合伙企业的方式来间接持有公司股份。

的注册资本，另一部分计入拟设立公司的资本公积金账户归增资后全体股东所有。

其次是股权众筹平台。线上股权众筹平台是独立的第三方平台，其主要职能是通过为投融资双方提供信息撮合交易，法律地位属于居间服务，在股权众筹的运作中处于中介的地位，提供的是信息中介服务而非信用中介服务。为了保护投融资双方资金的安全，也为了维护平台的独立地位，引入第三方托管资金是最为普遍的做法。第三方在股权众筹中起着资金托管与结算的作用，避免了平台直接经手资金的风险。

最后是合格的投资者。线上股权众筹对合格投资者有一定的限制条件，其必须是在股权众筹平台进行注册，并通过平台审核认证的投资人，未经注册认证不得在该平台从事股权投资，甚至大部分股权众筹平台如苏宁私募股权、蚂蚁天使等必须进行注册才能查询股权众筹项目的具体信息。目前，判断一名投资者是否是合格投资者的标准主要是看其是否具备足够的资金承担股权众筹投资的风险。[①] 这一规定恰好与股权众筹面向草根阶层的初衷相矛盾。

2. 线下股权众筹

线下股权众筹与线上股权众筹的不同之处在于其平台，线下股权众筹的平台主要为 SNS 社交平台或线下的社群组织。在线下股权众筹中，仅存在两方主体即投资者与融资者。股权众筹融资方发布信息的方式不是利用专门的股权众筹平台，而是利用一些已有的社交平台或自媒体来发布股权众筹信息。大量的线下众筹咖啡馆基本上都采取该模式。该模式建立在特定的人群和关系中，有一定的信任感，基本上属于熟人众筹模式。若向陌生人发起该类众筹，则不易成功且存在较大的法律风险。

---

① 根据《管理办法》征求意见稿的规定，符合下列条件之一的单位或个人是私募股权众筹融资的投资者：投资单个融资项目的最低金额不低于 100 万元人民币的单位或个人；社会保障基金、企业年金等养老基金、慈善基金等社会公益基金，以及依法设立并在中国证券投资基金业协会备案的投资计划；净资产不低于 1000 万元人民币的单位；金融资产不低于 300 万元人民币或最近三年个人年均收入不低于 50 万元人民币的个人。

(三) 股权众筹面临的法律困境

股权众筹之所以被认为是互联网金融的创新典范，是因为其并不是简单地将天使投资与私募股权投资的模式搬到了互联网上，而是在于其敢于突破法律的约束利用互联网为股权众筹投融资双方提供信息服务。股权众筹属于融资渠道的创新，与任何新事物的发展过程相同，其在发展中也引发了诸多的矛盾与问题。

1. 股权众筹的基本法律关系

股权众筹虽为新鲜事物，但其所体现的内部法律关系并非新生，通过分析可以将其分解为以下几个基本的民事法律关系。

（1）投融资法律关系

在股权众筹中，项目融资者与投资者本着平等自愿的原则，就股权投融资事项达成一致，项目的融资者获得资金并享有支配该资金的权利，投资者获得该公司的股权，以公司股东的身份行使权利和履行义务。当然在股权众筹中投资者进行投资的目的通常是获取收益，对参与公司管理行使股东权利并不关注。与传统的投融资法律关系不同的是，在该投融资法律关系中众筹平台起到了至关重要的作用，投资者并非直接将资金交付与融资方，而是将其交给众筹平台，由平台确保融资成功后再转交给融资者。

（2）居间法律关系

从股权众筹平台提供的服务类型及承担的责任来看，其作用大概相当于一个居间商。根据居间合同①定义，股权众筹平台为项目融资者提供了一个展示自己的机会，吸引更多的投资者参与其中，但平台自身并不参与其中，仅仅作为一种中介。但实践中，股权众筹平台并不仅限于居间服务，还肩负着监督管理融资项目的职责，因此我们也只能说其地位类似于居间商，但其发挥的作用不仅于此。

（3）委托法律关系

股权众筹中存在多种委托关系，股权众筹平台与融资者、投资者及第三方支付机构之间都存在委托法律关系。投资者与股权众筹平台

---

① 居间合同是指双方当事人约定一方为他方提供、报告订约机会或为订立合同的媒介，他方给付报酬的合同。

之间的委托法律关系主要体现为平台接受投资人委托,为其提供可靠的投资信息。股权众筹平台与第三方支付机构之间存在委托支付关系,为了隔离风险,股权众筹平台委托第三方支付平台代为管理投资者的资金。另外若股权众筹完成后,领投人与跟投人以股份代持的方式进入公司,则在领投人与跟投人之间也存在委托法律关系,领投人受跟投人的委托代为行使其股东权利。

(4) 有限合伙法律关系

为了规避《证券法》对公开发行人数的限制条件,"领投+跟投"以及有限合伙的形式成为股权众筹平台运作的主要模式。众筹平台通过选择具有专业知识和投资经验的领投人来带领众多的跟投者。众筹成功后,由其牵头成立有限合伙企业,从而形成有限合伙法律关系。其中领投人为普通合伙人,其他跟投者为有限合伙人,权利义务分配参照有限合伙的法律规定。

2. 股权众筹的法律困境

(1) 公募与私募

股权众筹作为一个新兴事物,其性质如何界定是一个重要的问题。而根据目前我国相关法律的规定,[①] 股权众筹被定性为"以互联网为依托非公开股权融资的行为"即"私募股权",这一定性虽在一定程度上避免了其与我国现有法律制度的冲突,但也立即引来股权众筹行业以及学界的一片异议。很多人认为其严格的投资人限制条件,使得股权众筹脱离了目前的实际,变成了信托、私募股权投资基金或契约型基金的在线版本,失去了股权众筹小微金融,普惠金融的属性和定位。事实上,随着互联网技术的普及和股权众筹自身的发展,"公募"与"私募"的界限已经逐渐模糊化。[②] 随着《证券法(修订草案)》,开创性地将股权众筹纳入其中,并特别规定以互联网等众

[①] 中国证券业协会《私募股权众筹融资管理办法(试行)(征求意见稿)》第2条规定:"本办法所称私募股权众筹融资是指融资者通过股权众筹融资互联网平台(以下简称股权众筹平台)以非公开发行方式进行的股权融资活动。"《场外证券业务备案管理办法》第2条更是将"私募股权众筹"修改为"互联网非公开股权融资"。

[②] 杨东:《股权众筹的法律风险》,《上海证券报》2014年7月31日第A1版。

筹方式公开发行证券，符合相关规定条件的可以豁免注册或者核准这一规定的出台，股权众筹也不再局限于私募领域。未来我国的股权众筹市场会存在两种股权众筹：公募与私募。

随着网络技术的发展，公募与私募界限的模糊是一种必然。这种模糊的状态会给众筹行业的发展带来诸多不利影响，因此必须对其进行准确的定性。根据股权众筹的实践来看，在不久的将来公募股权众筹必将成为市场主流。因为其在吸收民间资本、参与技术创新、为中小企业提供融资渠道等方面发挥的作用远胜于私募股权众筹。且本书认为，私募版股权众筹不过是为了适应我国法律环境的一个过渡产品，其不过是私募股权基金等融资方式的线上版本，并非一种新型的融资方式。根据股权众筹的内涵与实践经验，我们将股权众筹定义为"公募"性质的公开发行股票行为更为恰当。首先，股权众筹与公开发行股票的融资方式回报相同。股权众筹为筹集资金所付出的回报是公司的股份；公开发行股票亦为公司为获得资金而采取的方式，其出资者也是获得公司股份。两者都属于以发行证券作为融资手段的直接融资行为。其次，股权众筹与公开发行股票的融资方式针对的对象相同。股权众筹只要在众筹平台上公开，就应当视为向不特定多数人发出融资信息，而公开发行股票也是向不特定多数人融资的行为。最后，股权众筹与公开发行股票的融资方式采取的方式相同。股权众筹为了达到融资的目的，必然会采取依托网络、信息等方式将其融资信息进行发布；而公开发行股票行为同样是依托证券交易机构的网络、自有平台发布筹资信息，两者筹资信息的传播都符合国务院对公开的定义。

随着互联网金融的不断发展，股权众筹必将迎来飞速发展已成为不争的事实。与其为了适用中国的法律环境而限制股权众筹的天性，倒不如释放其天性，对相关法律进行适当调整，且将股权众筹定性为"公募"还可以避免法律冲突的发生，对其实现有效的监管，何乐而不为呢？

（2）法律风险

股权众筹在运作中可能存在涉嫌非法集资、诈骗、泄露商业秘密与个人隐私的法律风险。

首先,股权众筹在现实运行中经常会涉嫌"擅自发行股票",擅自发行股票是非法集资的一种手段,因此股权众筹也就存在非法集资的法律风险。根据我国法律的规定,股票发行可以采取两种方式:第一种,公开间接发行。指通过中介机构,公开向社会公众发行股票。第二种,不公开直接发行。不公开直接发行指面向特定的对象且没有承销商的介入。在实际操作中,股权众筹已经出现因涉嫌擅自发行股票而被叫停的例子,如2012年10月和2013年1月在淘宝"网络私募"以出售会员卡的形式,公开向不特定对象出售原始股份的美微传媒,就因涉嫌擅自发行股票而被证监会约谈,该众筹也被叫停。造成这一法律风险的原因在于我国法律对公开发行的界定,①且根据国务院通知的精神,凡是采用广告、公告、广播、电话、网络、短信等公开方式向社会公众发行,人数未超过200人也认定为公开发行股权。可见在没有相应豁免制度的前提下,股权众筹这种利用公开平台向不特定人筹资的行为极易触及我国法律红线。

为了避免触及法律红线,股权众筹不得不采取一些手段来规避法律。比如针对股东人数的限制规定,为了防止众筹后股东人数超过200人,有的众筹平台采取直接限制投资人人数的方式,譬如"天使汇";有的采取"领投人+跟投人"的模式,②如"大家投"。虽然这种方式成功解决了人数限制的问题,但仍然没有真正解决利用互联网的私募股权融资的合法性问题,天使街联合创始人刘思宇就曾表示,实体场所如咖啡馆等仍然是私募股权众筹融资的主要阵地。③股权众筹作为网络金融的一种模式,利用互联网的公开性广泛地筹集资金是其最大的优势所在,但在我国目前的法律框架内,要充分发挥其网络

---

① 《证券法》第10条、第12条,《刑法》第179条以及相关司法解释规定:向不特定对象发行股票或者向特定对象发行股票累计超过200人的均为公开发行,而公开发行股票的,必须依法报经有关部门核准,否则属于擅自发行股票,数额巨大的,可能构成擅自发行股票罪。

② 项目筹资完成后,在线下以领投人作为一般合伙人,跟投人作为有限合伙人的形式成立有限合伙企业,由有限合伙企业投资目标项目或企业。

③ 何佳艳:《股权众筹草案惹争议》,《投资北京》2015年第2期。

金融的优势需要承担的法律风险过大,这也成为制约股权众筹行业发展的一大瓶颈。

其次,涉嫌欺诈的法律风险。股权众筹实际上是一个在众筹平台撮合下的投融资行为,参与主体之间存在多个合同法律关系。如投资者与融资者之间的投资合同关系,融资者、投资者与众筹平台之间的委托合同关系。事实上,股权众筹的各个参与主体之间的法律关系都是通过合同来调整的,这也就产生了合同欺诈的风险。[①]

融资者存在欺诈风险。融资成本较低是股权众筹的一大优势,但同时这一点也容易被不法分子所利用。一些不法分子会利用股权众筹来进行诈骗,其只需要编造一些新奇的创意,一份项目策划书,一个空壳公司就可以在股权众筹平台上获得融资机会。或融资方虽真实存在,但其融资的目的并非如其项目策划书所示,而是为了获取非法利益,故意捏造虚假情况,将众筹融资获得的资金挪作他用,使投资者的资金处于更大的风险之中。无论是上述哪种情况,都是使投资者陷入错误认识进而作出对项目投资的不真实意思表示,构成合同欺诈行为。造成欺诈风险上升的主要原因在于众筹平台管理的不规范及我国信用管理制度的不完善。目前,大部分众筹平台在前期都会对拟发布的项目进行尽职调查或审核,只有通过了审核的项目才能在平台上线融资。但也不能排除有部分平台为了抢占市场份额,吸引投资者,扩大平台流量而降低尽职调查的标准。甚至与融资者进行金钱交易,使一些没有通过审核的项目上线融资。除此之外,股权众筹平台自身对融资人欺诈风险的警惕性有待提高,其不但无法准确判断融资诈骗及时对投资者予以警示,甚至也成为融资者诈骗的受害者。加之我国的信用管理制度不完善,使得融资人的欺诈成本很低。

领投人也存在欺诈风险。在股权众筹中,存在严重的信息不对称。投资者对于其所投资项目的了解程度远不如融资者,且其了解该项目的渠道又十分有限,从而导致投资者因信息不对称造成的损害时有发生。作为投资者与融资者之间沟通的"桥梁",股权众筹平台理

[①] 冯世杰:《"众筹"网络融资平台运营模式的法律分析——以"点名时间"为例》,《金融法苑》2013年第2期。

应承担起信用担保的责任,但就目前其作为居间第三方的身份而言,无法提供这一信任担保。为了提高投资者对投资项目的信任度,我国股权众筹平台从国外引入了"合投机制"。在具体操作中就是"领投+跟投"的运作模式,领头人由投资经验丰富具备一定专业投资知识的人来担任,跟投人可以根据领投人的介绍或自己的兴趣及风险承受能力来选择投资项目进行跟投。这种运作模式在一定程度上降低了普通众筹投资者投资的盲目性与风险性,提高了投资的成功概率,有利于实现金融收益的共享。①

"合投机制"的初衷是为了保护没有投资经验的中小投资者,但同时其也存在着安全隐患。在缺乏政策指导与相关监管的情况下,领投人的这种推荐引导的公正性可能值得推敲,不排除可能存在领投人与融资人恶意串通,错误引导投资者进行投资,对跟投人进行合同诈骗的风险。投资人与融资者及领投人之间的信息不对称是造成这种投资合同欺诈的主要原因。另外对于融资者或领投人相关行为的监管缺失也加重了这一风险发生的可能性。在"羊群效应"的作用下,这种投资合同欺诈的风险会成倍增加,最终造成不可挽回的严重后果。一旦损害造成,单个投资者想要挽回损失需要耗费大量的成本,无论是通过民事还是刑事诉讼,都是一个漫长且艰难的维权过程。

众筹平台也可能存在欺诈风险。股权众筹平台作为股权众筹的重要参与者,其本应对众筹项目和领投人的信息真实性进行严格审查并承担相应的责任。但事实上,有部分平台为了抢占市场份额,吸引投资者,扩大平台流量而降低尽职调查的标准。甚至与融资者进行金钱交易,使一些没有通过审核的项目上线融资。为了推卸责任,多数平台通过免责条款规定了其不对项目的真实性和可靠性负责。② 这种推卸责任的做法无疑已经使得投资者处于劣势地位,再加之若平台缺乏道德约束,与融资者、领投人进行勾结,恶意串通,投资者很难发现

---

① 马其家、樊富强:《我国股权众筹领投融资法律风险防范制度研究》,《河北法学》2016年第9期。

② 肖本华:《美国众筹融资模式的发展及其对我国的启示》,《南方金融》2013年第1期。

这种欺诈。

最后，涉嫌泄露商业秘密与个人隐私的法律风险。对于一个公司而言，公司的商业秘密和隐私存在于公司发展的任何一个阶段。切实地保护好公司的商业秘密与隐私能够为公司的发展带来巨大利益，降低公司面临的法律风险，帮助其取得商业上的成功。但事实上，我国公司对商业秘密与隐私的保护并不重视，通常只有侵权行为发生后才想到维权。这种事后的维权虽能起到一定的弥补作用，但给公司造成的伤害是不可逆转的，尤其是对于那些科技创新领域的公司而言，商业秘密的泄露可能导致公司的灭亡。股权众筹主要服务于文化创意和科技创新领域的创业公司，保护公司的商业秘密与个人隐私尤为重要。在股权众筹中许多融资者就是凭借其新颖的创意或领先的技术来获得融资，[1] 该创意或技术一旦被窃取，会给融资项目带来致命打击。

根据众筹平台项目审查的需要，也为了在最大限度上吸引投资者，融资人通常会将项目的详细信息做成报告予以提交。这份报告的内容可能会涉及融资者或其团队成员的个人信息，融资项目的具体实施方案，设计理念，产品的外观，使用说明等。这些内容会在股权众筹平台上进行公布，并由平台进行存档管理。虽然平台有义务帮融资者保守商业秘密并保护融资者的个人隐私，但现实操作中存在一定的困难。为了保护商业秘密和融资者的隐私，很多平台要求注册后才能查看完整信息，但未经注册的普通互联网用户也可以通过网站浏览相当一部分的内容。而且还可能出现一些平台为了获取不正当的利益，将融资者的创意或技术据为己有或出卖给其他方的情况。[2] 或者因为平台对信息技术的保护不到位，使得初创企业的商业秘密被非法窃取、披露或者使用的情况。[3] 再加之目前很多公司或融资者对知识产权认识的缺乏，大多数融资项目并没有或者还没来得及申请专利等知识产权，因此也就无法获得知识产权法的保护。在此背景下，股权众

---

[1] 杨东、黄超达、刘思宇编著：《赢在众筹》，中国经济出版社2015年版，第56页。

[2] 张小涛、岳文华、张学峰：《中国股权类众筹发展的制约因素及风险研究》，《河南科学》2014年第11期。

[3] 吕明凡：《股权众筹的发展及其风险研究》，《合作经济与科技》2015年第2期。

筹项目很可能在上线时面临商业秘密或个人隐私被泄露的风险。

（3）众筹平台身份的界定

随着股权众筹行业的不断发展，我国众筹网站的经营范围也从最初的发布筹资信息，搭建沟通平台发展到了投资咨询、尽职调查、证券经纪、场外交易等诸多领域。① 这种业务的扩张使得对股权众筹平台身份的界定成为一个难题，身份的不确定也直接导致了平台权利义务的模糊化。众筹平台作为融资的中介，填补了个人和中小企业融资市场的空白，对于促进资本流通，鼓励中小企业创业及扶持其健康发展具有重要意义。如何对股权众筹平台进行准确的身份界定已经成为业界迫切需要解决的问题。

先来看一下股权众筹平台的法律风险。一般来说，股权众筹平台的身份为居间商，其作用在于发现投资者与融资者的需求并对其进行合理的匹配，提供服务以促成交易并提取相应的费用作为盈利。但现实中，股权众筹平台的作用又不仅仅局限于居间服务，从股权众筹平台与投融资双方的服务协议可以看出，股权众筹平台除了居间功能之外还附有管理监督交易的职能，甚至逐渐扩展到证券经纪、投资咨询、尽职调查、场外交易等多个领域。首先股权众筹平台涉嫌非法经营证券业务。现实生活中股权众筹经常涉嫌非法发行股票，那么作为它运作的平台众筹网站也往往会被冠以"非法经营证券业务"之名。根据法律规定，在我国从事证券经纪业务需要特殊资质，需要得到证监会的批准。② 但随着股权众筹行业的不断发展，我国众筹平台的经营范围也从最初的发布筹资信息，搭建沟通平台发展到了涉及投资咨询、尽职调查、证券经纪、场外交易等诸多领域。③ 目前，股权众筹平台不属于证监会批准的具有从事证券业务的主体资格。因此众筹平台多在寻求规避法律的方式。虽然为了规避法律风险，众筹网站对众

---

① 刘明：《美国"众筹法案"中集资门户法律制度的构建及其启示》，《现代法学》2015年第1期。

② 股票承销、经纪（代理买卖）、证券投资咨询等证券业务由证监会依法批准设立的证券机构经营，未经证监会批准，其他任何机构和个人不得经营证券业务。

③ 刘明：《美国"众筹法案"中集资门户法律制度的构建及其启示》，《现代法学》2015年第1期。

筹项目、投资人都进行了严格的限制，但效果欠佳。如为了避免向不特定人进行股权众筹，众筹网站多要求投资者进行注册。然而不特定本身就是一个模糊的概念，在张明楷教授看来："不特定性意味着出资者是与吸收者没有联系（没有关系）的人或单位"①，由此可见，注册并不能解决其面向对象的不特定性。细究股权众筹平台的运作模式，正如有学者认为的那样："股权众筹平台的运作模式实质是以柜台交易的方式变相公开募股，相当于做了一个场外交易市场。"② 股权众筹平台扮演了券商的角色，又因其不是经证监会批准的合格证券经营者，故有非法经营证券业务之嫌。其次股权众筹平台涉及非法吸收公众存款。目前，我国的金融市场还处于不完善时期，金融产品匮乏，市场监管制度不完善，投资者的教育程度欠佳。为了更好地维护金融市场的稳定性，刑法中规定了非法吸收公众存款之罪，以期以最为严格的刑法制裁来稳定目前中国尚不完善的金融市场。③ 判断一个行为是否属于非法吸收公众存款或变相吸收公众存款，从根本上来说与融资者主观上是否具有融资的目的无关、与融资的具体形式无关、与融资后的资金用途无关、与融资者对投资者的回报承诺也无关。④ 非法吸收公众存款或变相吸收公众存款需要同时具备以下四个条件：（1）未经有关部门依法批准或者借用合法经营形式吸收资金；（2）通过媒体、推介会、传单、手机短信等途径向社会公开宣传；（3）承诺在期限内以货币、实物、股权等方式还本付息或者给付回报；（4）向社会公众即非特定对象吸收资金。⑤ 从这四个条件来看，股权众筹平台的运作模式与非法吸收公众存款有诸多相似之处：在资质上存在相似性，都未经有关部门批准；在面向对象上具有一定的相似性，都向不特定对象进行资金的募集；在利益回报方面具有一定的

---

① 张明楷：《刑法学》，法律出版社2011年版，第285页。
② 邓敏：《探析股权众筹平台的法律责任》，《法制与经济》2018年第4期。
③ 肖凯：《论众筹融资的法律属性及其与非法集资的关系》，《华东政法大学学报》2014年第5期。
④ 祁雪冻：《众筹出版平台非法吸收公众存款的风险与对策》，《中国出版》2015年第6期。
⑤ 《最高人民法院关于审理非法集资刑事案件具体应用法律若干问题的解释》。

相似性，都承诺一定的收益率。因此，股权众筹网站也存在非法吸收公众存款的法律风险。最后，股权众筹平台涉嫌诈骗。网络作为一个虚拟的平台，其本身信用系统就存在不完善之处。再加之股权众筹平台还处于起步初期，无法建立完善的信用体系。但在其运行的过程中，不可避免地会涉及资金的运作。通常情况下出资人将其资金注入平台设立的账户，该账户应为第三方托管账户，待众筹完成后，再按约定将该资金注入投资项目。第三方托管账户的存在虽在一定程度上降低了诈骗发生的风险，但也并非万全之策。因为此类账户的资金游离于现有的监管体制之外无法实施有效的监管措施，且该类账户多受众筹平台掌控，使得平台的行为涉嫌私自设置资金池。除此之外，投资者还需承担因平台控制者道德风险的不确定性而带来的风险，在现实中平台控制者很可能因平台运营不善或无法控制个人私欲而卷款潜逃，如此以来其就构成了集资诈骗罪。[①] 即使众筹平台遵守职业道德，由于我国并未建立完善的企业与个人信用体系，众筹平台还是要承担因筹资人不诚信所带来的后果。合同诈骗在股权众筹融资中发生的可能性也极大，尤其是在当前"领投+跟投"的投资机制是大部分众筹平台的首选，且对于项目筹资者的资格审核标准并不统一，大部分是平台自身觉得可操作空间较大，这极大地提高了融资过程中合同诈骗的风险性。[②] 虽然有些众筹网站为了更为有效地把控投资诈骗风险，介入对筹资人的尽职调查，但其实际效果并不显著。甚至可能会造成众筹平台承担大量的投资风险，在我国目前的金融环境及社会环境下，一旦筹资人出现问题，很可能这个责任就会被归咎于众筹网站，众多的投资者也会要求网站对其损失予以赔偿。如此极大地增加了众筹平台的负担，不利于众筹平台的健康发展。[③]

再来看股权众筹平台身份的界定，众筹平台作为融资的中介，填

[①] 邓建鹏：《互联网金融时代众筹模式的法律风险分析》，《江苏行政学院学报》2014年第3期。

[②] 杨东、苏伦嘎：《股权众筹平台的运营模式及风险防范》，《国家检察官学院学报》2014年第7期。

[③] 梅俊彦：《股权众筹模式异变：平台"一人演多角"暗藏隐忧》，《中国证券报》2014年8月1日第6版。

补了个人和中小企业融资市场的空白，对于促进资本流通，鼓励中小企业创业及扶持其健康发展具有重要意义。因此，我们应对该类众筹平台给予充分的重视，赋予其正当的法律地位，对其运营规则进行规定，从而避免法律风险的产生。股权众筹平台的地位究竟为何？本书认为将其定位为特殊券商较为妥当。其原因主要在于股权众筹平台与传统券商有颇多相似之处：两者都是融资中介机构，借助的手段皆为股权流通，而采取的方式也俱为通过自身的平台发布相关信息来吸引投资者投资。但是股权众筹平台相较传统券商，也有其特殊之处：一是股权众筹中的股权具有不确定性。券商所承销的股票中所体现的股权是真实存在的，投资者一旦购买就可以直接享有该股权利益，其营销的是一种现实的权利。同时，经券商承销的股票都经过了严格的审核程序，一般不会出现发行不成功的情况。而众筹在融资过程中，大部分公司尚未设立，股权没有公司这一主体作为依托，也无法真实存在。股权众筹平台出售的是对股权收益的期待权，因此，一旦众筹未遂，投资者的投资将面临被退回的可能。二是股权众筹平台面向的投资者更加广泛。券商虽也具有一定的公开性，但其公开范围毕竟有限，且国家对开户人的限制性规定，使得投资者需要符合一定的客观条件。加之我国证券市场对进入者要求实名制，所以券商对投资者的信息掌握较为全面、真实。而众筹则不同，基于网络的公开性，凡是能够打开该网页的人都有可能成为投资者，且网络的虚拟性亦致使对投资者信息很难有效把控。三是服务的对象不同。传统券商主要是服务于大型上市公司，在平台上发布的也主要是这些公司在过去已经取得的业绩，从而以此来吸引投资者。而股权众筹平台主要是为中小企业进行融资，企业的创立人在融资平台上发布的主要是创意，以及对企业发展的构想，借此来吸引投资者进行融资。四是业务种类单一。券商除了销售股票外，还有其他多种业务类型。而股权众筹平台通常只经营众筹这一主体业务，没有其他的业务类型。

综上所述，股权众筹平台既与传承券商有相似之处，又有自己的独特之处，所以我们既不能简单地将其认定为传统券商，也没有必要将其专门化。本书认为，赋予其特殊券商的地位是一种较为恰当的选择。在对股权众筹平台进行规范时，可以借鉴美国《众筹法案》中对集资门户之相关规定，赋予股权众筹平台与传统券商在功能和经营模式上的互补功能，令其弥补现有证券融资市场的不足，为我国民间资本的顺利流通提供合法的渠道。同时，为了建立一个更为有序高效的股权众筹融资环境，我国还应做到以下几点：（1）完善网络技术，根据网络的特点制定相应的监管制度。（2）提高投资者的教育程度，降低投资风险发生的概率。（3）提高资金的需求匹配效率，降低融资成本。[①]

第二节 股权众筹公司

一 股权众筹公司的实然状况

自股权众筹在中国诞生之后，股权众筹网站与日俱增，各种股权众筹项目让人眼花缭乱。铺天盖地的资讯大多是指导创业者如何取得众筹融资的成功，但对于众筹融资成功后的公司发展很少涉及。事实上，股权众筹只是获得资金的一种方式，创业者要真正获得成功还要依赖于股权众筹公司的生命力。但拨开股权众筹这层鲜亮的外衣，我们可以发现在众多的股权众筹项目中，真正取得成功的股权众筹公司却寥寥无几。

（一）股权众筹公司的典型案例分析

1. "咖啡馆"模式

在众多的股权众筹公司中，"咖啡馆"占据了重要位置。其原因可能在于：第一，一家咖啡馆的投资不大，采取股权众筹的方式每个投资人的投资额度都不高，容易被接受。第二，咖啡馆通常都与"梦想""创业""文化"等概念联营，更容易吸引大众投资者的眼球。第三，与其他行业相比，"咖啡馆"的经营管理较为简单，不需要投

[①] Oskari Juurikkala, "The Behavioral Paradox: Why Inverstor Irrationality Calls for Lighter and Simpler Financial Regulation", *Fordham Journal of Corporate & Financial Law*, Vol. 18, 2012, pp. 80-92.

资者投入太多精力。因此各种股权众筹咖啡馆如雨后春笋般在全国各地出现。

案例一：东莞很多人咖啡馆

"2000元，即可拥有一家梦想中的咖啡馆"，这是2012年东莞"很多人咖啡馆"在筹建时所打出的口号，正是在这极具煽动性的口号的作用下，很快"很多人咖啡馆"便完成了筹资。四个月的时间共有141人参股，每股2000元，共筹得62.5万元。为了体现股权众筹的优势，为了让每位参与者都能够参与咖啡馆的管理。"很多人咖啡馆"采取了网络模式的董事会结构，所有股东按照其持股份额参与公司事务的管理，一股一票。但在咖啡馆的运营中，这种管理模式的弊端却暴露无遗，141名股东持股最多的股东拥有10股，最少的仅为1股，在股东大会中因为不存在控股股东，很难快速地形成统一意见，造成了资源的浪费。且在整个公司运营过程中，运营团队长期处于缺位状态，造成了股东大会事无巨细，董事会代为行使经理层的职能，咖啡馆各层的职能混淆不清。[①]

案例二：中国首家女性众筹咖啡 Her Coffee

Her Coffee 由66位来自世界各地，大多具有国内外名校背景，从事各行各业（投行、基金、互联网、传媒、航空等行业）的女性股东每人投资2万元出资成立。因为其股东都为女性，这家咖啡馆也被称为"史上最多美女股东"的咖啡馆。Her Coffee 与传统的咖啡馆存在的最大不同之处在于，其主要目的不是卖咖啡，而是实现梦想。以梦想为主题，通过推出梦想计划和梦想手册的概念，收集各种具有价值的梦想，并通过其所能获得的社会资源，尽可能地帮助有梦想的人实现梦想。Her Coffee 在试营业之初就被评为"北京最性感八大处"之一，诠释了"性感"新高度——有梦的美女最性感，咖啡馆也迅速在投资界和商界引起热烈关注。然而好景不长，咖啡馆在投资者选人不严，内部管理架构不清，缺乏专业的运营团队，组织决策机构混乱等

---

① 王子轩、高德永：《股权众筹模式的弊端：以东莞很多人的咖啡馆为例》，《商》2015年第4期。

原因的影响下，很快就面临了经营的危机。①

案例三：北大 1898 咖啡馆

1898 咖啡馆由一百多位北京大学校友企业家、创业者、投资人以"联合创始人"的身份共同设立，为纪念北大诞生而命名。其采取的众筹模式旨在帮助校友交流创业，"联合创始人"平等地"入股"，均等地被授予三大"特权"：平等的股东地位，可消费的入股资金，资源就近的创业氛围。这种众筹模式吻合了传统儒商文明价值诉求，是我国传统商会文明的现代写真，是网络创业时代的人文和谐。但其也存在与现行法律的冲突，根据现行法律的规定，股东出资在公司成立后会转变为公司资本，股东就此不得再以个人名义动用公司资本，更不得消费自己的出资。同时，公司未来维持其资本的稳定性，不得无偿地向股东提供产品或服务，另外其同样存在股东人数突破上限，股东收益不均等问题。

2. 创业型小微公司

通过对股权众筹平台融资项目的分析可知，选择股权众筹融资的多为创业型小微公司。这种公司大多具有行业创新性，且处于种子期或天使期，通常情况下很难获得传统融资方式的青睐。

案例一：美微传媒

美微传媒是第一个通过淘宝店铺形式进行股权众筹的例子。2012 年 10 月 5 日，美微传媒的创始人朱江在淘宝注册了名为"美微会员卡在线直营店"的淘宝商铺。朱江曾经担任过多家互联网公司的高管，此次其注册淘宝店铺的目的是通过这一平台将会员卡与股权进行捆绑销售，以实现美微传媒融资的目的，这是一次大胆的尝试。购买会员卡的会员不但可以享有订阅电子杂志的权益，还可以拥有美微传媒的原始股份 100 股。这一融资方式吸引了很多投资者，自 2012 年 10 月 5 日店铺开张至 2013 年 2 月 3 日其被淘宝官方关闭，美微传媒共进行了两轮融资，参与人数 1191 人，共募集资金 120.37 万元。但从目前的法律规定来看，美微传媒的行为已经涉及公开募股，甚至有

---

① 陆峰：《咖啡馆，莫让众筹变众"愁"》，《互联网经济》2015 年第 12 期。

人认为其属于非法集资。证监会在了解了这一情况后立即约谈了朱江，并在随后宣布美微传媒的融资行为不符合相关法律规定，责令美微传媒退还投资者的相应投资。与此同时，在巨大的争议下，淘宝平台于2013年2月5日关闭了美微传媒的淘宝店铺，并宣称任何人不得通过淘宝平台进行公开募股。

案例二："西少爷"

2012年孟兵、宋鑫、罗高景三人在西安交通大学北京校友会上认识。三人商量后于第二年成立了名为"奇点兄弟"的科技公司，三人的股权分别为40%、30%、30%。后由于业绩不佳公司开始转型卖肉夹馍，此时"西少爷"的第四个创始人袁泽陆加入。公司初创时曾在2013年年底和2014年5月发起过两次众筹，共筹得85万元。随后，"西少爷"的第一家店五道口店在北京设立。但随着生意的红火，创始人之间却产生了矛盾，创始人之一宋鑫离开团队，并于2014年11月13日晚在知乎上发文——《西少爷赖账，众筹的钱该怎么讨回来？》，披露"西少爷"一直没有公开财报，分红等几项事宜也并未跟进，众筹股东难以退出等问题。[①]"西少爷"的案例充分展现了股权众筹公司所面临的困境，创始团队的理念差异、股权结构分配的不合理、众筹股东股权回购的困难、公司决策欠缺科学性与合理性，这些问题如得不到妥善解决将严重影响公司的正常发展。

案例三：诺米多

2015年，诺米多公司通过人人投股权众筹平台融资88万元，准备在融资成功后组成合伙企业经营排骨诺米多健康时尚餐厅。诺米多公司在对"排骨诺米多健康快时尚餐厅"装修期间，人人投在项目监督过程中发现该项目可能存在承租房屋违章扩建、产权不清、租金过高等问题，出于对投资人负责的态度，2015年4月9日人人投向全体出资人发出《关于诺米多排骨项目的情况说明》，将其所掌握的具体情况向投资人进行说明。诺米多公司在与投资者协调过程中无法获得投资者信任，最终项目解散。在人人投的干预下，项目资金依据合同

---

① 吴倩男：《西少爷拆伙：有一个创业公司的股权悲剧》，《凤凰科技》2014年11月17日，http://tech.ifeng.com/a/20141117/40870499_0.shtml，2022年3月28日。

连本带利返还投资者。随后，诺米多公司将人人投的运营公司飞度公司告上法庭，认为其存在非法融资、越权行为、向他人披露对委托人不利信息造成委托方无法实际获得融资等行为。随后飞度公司对诺米多公司提出反诉，认为诺米多公司违背诚信之约，应承担相应的损失责任。经一审、二审法院审结后，飞度公司取得了该诉讼的胜利。该案件的审判结果充分体现了司法机关对股权众筹的重视与支持的态度，肯定了股权众筹融资行为的合法性、股权众筹平台的督导职责，以及股权众筹平台在股权众筹中的信息披露义务。

（二）股权众筹公司的现实困境

1. 公司形式困境

19世纪末20世纪初，现代公司制度诞生。公司制给企业的发展带来了全新的理念，为经济的腾飞提供了强有力的制度支撑。公司制之所以受到追捧，是因为其有严格的制度要求，将企业治理规范化。随着公司制度的不断深入发展与完善，越来越多的企业选择这一组织形式。股权众筹企业也是如此，作为一个新型融资方式诞生的创业型企业，选择公司制无疑是最为明智的。根据我国《公司法》的规定，我国存在两种公司形式：有限责任公司和股份有限公司。不同的公司形式具体要求也有所不同，股权众筹公司由于特殊的融资形式与组建方式在公司形式选择时却遭遇了障碍。

目前，大部分股权众筹公司为有限责任公司。究其原因，大概是因为有限责任公司的制度更符合小微企业的需求，且融资难度小。但事实上，这种制度的选择隐藏着诸多隐患。根据《公司法》第24条的规定："有限责任公司由五十个以下股东出资设立。"这就要求股权众筹公司在进行股权众筹时必须严格限制众筹参与人数，否则将突破法律上线。现实中，很多众筹平台为了限制众筹参与人数，采取提高单个投资者投资下线、明确限定众筹参与人数或组建有限合伙组织的形式。但这种人为的限制条件并不符合股权众筹的本性，作为互联网普惠金融，股权众筹最大的优势就是在于其能够吸引更多的大众投资者，但这种人为的限制条件将大部分普通投资者拒之门外，使得股权众筹与传统的私募股权基金没有了本质上的区别。另外，股权众筹平台普遍采用的有限合伙组织形态,① 存在巨大隐患。首先,《证券法》对公开发行进行了严格的规定,不得向不特定的对象进行发行,即使是向特定对象进行发行也应不超过 200 人。且必须经有关部门批准,否则构成非法发行。200 人的人数限制实行的是渗透原则,即使有限责任公司采取的是有限合伙方式入股,其有限合伙组织中的参与者人数也不能超过 200 人。这就限定了股权众筹的最终参与人数不得超过 200 人。其次,以有限合伙方式入股股权众筹公司对股权众筹的参与者而言容易产生信息上的不对称,其合法权利难以保证。因为其股东身份无法确认,为日后的退出及维权埋下了隐患。最后,以有限合伙方式来入资在实践中的操作存在诸多不便之处。股权众筹面对的投资者可能来自世界各地,并非所有的投资者都符合成为有限合伙人的条件,且为了成立有限合伙企业,投资者需要办理诸多手续,即使委托平台代为办理也会给投资者造成一定的不便,同时投资者还需要承担因此带来的风险。②

如若选择股份有限公司,其发起人股东的人数也不能超过 200 人,虽然融资过程可以避免因触及公开发行所导致的人数障碍,却给股权众筹公司造成了更大的压力。根据我国《非上市公众公司管理办法》的规定,无论是通过发行还是通过转让的形式,只要公司的股东人数超过 200 人,该公司就属于公众公司。公众公司因其地位的特殊性,在运营中可能涉及的利益群体的多样性要求其必须承担较高的信息披露义务。无论该公众公司是否公开上市交易,都应承担持续的信息披露义务,以保障投资者的合法权益。采用股权众筹融资方式的企业多为初创期企业,持续的信息披露义务会增加公司的运营成本。另外还应当考虑到公司的后续融资问题。众筹公司的股权过于分散导致公司决议效率的低下,此点会成为公司的一大弊端,降低公司在后续融资过程中对 PE 或 VC 的吸引力。

---

① 平台以投资人的名义办理成立有限合伙企业,最后再以有限合伙企业的名义加入到项目的投资中,成为项目的股东。

② 杨东、苏伦戛:《股权众筹平台的运营模式及风险防范》,《国家检察官学院学报》2014 年第 7 期。

2. 公司治理困境

股权众筹公司之所以在现实中会遭遇公司治理困境，在很大程度上是由其自身特点决定的。通过对股权众筹公司的分析可以发现股权众筹公司具有规模小，创新性强，股东人数众多，出资方式多样等特点。这也就决定了其在公司治理中面临新的难题。

第一，人合性与资合性并存造成的公司治理困境。在现代公司制度中，已基本不存在人合公司，因为股东自身的财产与公司财产之间已进行了严格的划分，无论是有限责任公司还是股份有限公司其股东承担的都是有限责任。但公司还是存在人合性与资合性，公司的人合性体现为股东在社会上的个人信用的可依赖性以及股东之间的相互信任和紧密合作。公司的资合性则体现为公司资本为公司的信用基础。股权众筹公司具有较强的人合性，作为初创企业，公司通常规模小且没有相应的信用记录，投资人投资的主要依据来自对公司项目的兴趣，当然，更大程度上是源自对创始人个人信用及能力的信任。同时，股权众筹公司又具有典型的资合性，融资者和投资者以众筹平台上的众筹项目为纽带联系在一起，投资者以出资获取股利为主要目的。因此在股权众筹公司进行治理模式选择时，就面临人合性与资合性并存所带来的困境。要真正解决这一困境，就应当在公司治理中体现出股权众筹公司固有的人合性与资合性特征，尽可能地将股权众筹公司融资人的信用与公司的信用融合在一起。

第二，信息不对称造成的公司治理困境。公司治理中的决策者做出科学决策的前提是对信息充分、及时、准确的掌握。[1] 如果决策者所掌握的信息不充分，甚至存在错误，很可能会导致其决策产生偏差或错误。决策量也会降低，从而导致资源配置处于低效率状态。[2] 在市场经济中，占据信息优势的一方主体通常能够获得更多的机会，而处于劣势的一方主体则很可能利益受到损害甚至是被市场所淘汰。股权众筹公司作为一种依赖网络平台融资的公司，其存在严重的信息不

---

[1] ［英］哈耶克：《个人主义与经济秩序》，贾沾译，北京经济学院出版社1991年版，第36页。

[2] 应飞虎：《从信息视角看经济法基本功能》，《现代法学》2001年第12期。

对称隐患。如股权众筹公司不主动公开信息,众多的众筹股东很难及时获取公司最新情况。但由于公司信息公开受到信息公开渠道的限制及公司信息公开意愿的影响,再加之主动信息公开会增加公司的负担,因此大部分股权众筹公司并未进行主动的信息公开。这种公司控制者与众筹股东之间的信息不对称直接导致了公司决策上的低效率,影响了公司决策的科学性,使公司陷入治理困境。

第三,监管缺位造成的公司治理困境。在公司治理中,监管者扮演着极其重要的角色。股权众筹公司作为一种创新融资方式组建的公司,其内部监管制度也要创新发展,但事实上,目前大部分股权众筹公司中的监管处于缺位的状态。原有的监管机制在股权众筹公司中并不能发挥很好的作用,因为股权众筹公司存在诸多的众筹股东,这些众筹股东投资金额小、相互之间不熟悉,地理位置分布较广,因此其参与公司监管的成本会很高。大部分众筹投资者会采取"搭便车"的方式参与公司监管,这一特点直接导致了公司原有监管体制的失灵。再加之外部监管机制的滞后,要么不监管,采取放任态度。一旦大规模欺诈和违约出现时,粉墨登场的却是冰冷冷的刑法。在合法的公司运营与严厉刑事法律之间,监管部门是失语的。或者说,监管更多地沦为了刑事处罚的工具。这与政府监管能对违法行为及时监控和预防、能因地制宜地适用法律、能弥补立法之僵化与不足之短板的定位有着相当的距离。①

二 股权众筹公司的应然状态

股权众筹公司作为依托股权众筹这种新型融资方式诞生的公司,无论在外在表现形式还是内部治理结构上都具有独特之处。这些独特之处是股权众筹公司发展的关键,利用得当则公司"如虎添翼",利用不好则"雪上加霜"。在当前法律环境并不宽松的情况下,股权众筹公司要想取得成功,必须充分了解自己的优势所在,找到其最佳状态模式。

---

① 雷华顺:《众筹融资法律制度研究——以信息失灵的矫正为视角》,博士学位论文,华东政法大学,2015年,第58页。

(一) 股权众筹公司之"形"

1. 公司形式的选择

在我国，公司仅存在两种法定形式：有限责任公司和股份有限公司。通过前文的论述可知由于股权众筹本身的特性，导致其在公司形式选择时不得不面临一定的困境。为了适应公司法的强制性规定，股权众筹公司采取了很多措施，但其毕竟有违股权众筹的天性，长此以往并不利于股权众筹公司的发展。股权众筹公司究竟应该选择哪种形式，主要取决于公司自身的发展需要。因大部分股权众筹公司为创业型小微公司，因此选择要求较低的有限责任公司更为明智。[①] 当然，我国后续法律制度调整必须与时俱进，在《公司法》中可设立特别条款，适当放宽股权众筹有限责任公司股东人数的上线，在《证券法》中对股权众筹采取特别豁免，以免其触发公开发行的红线。

2. 公司业务的范围

通过对多个股权众筹平台股权众筹项目的分析可知，股权众筹公司虽涉的业务范围十分广泛，但从融资的成功率及公司今后的成长空间来看，股权众筹公司最适宜涉足的领域为互联网行业、高新技术行业等新兴领域。过于冷门生僻，产品和技术太过高精尖的领域股权众筹公司也不宜涉及。因为这些行业的投资需要具备较高的专业知识，进行专业的行业分析，这些都是股权众筹投资者无法完成的。且对技术的要求越高，众筹投资者参与公司管理的可能性就越小，不利于众筹投资者做出投资判断。

3. 公司众筹的目的

筹集资金并非股权众筹公司进行众筹的唯一目的，筹人、筹集资源都是公司进行股权众筹的目的。股权众筹的每一个参与者都可能给公司带来一定的资源，这一资源能够给公司带来的利益要远远大于其所投资的金钱，这一资源优势是任何一家线下单一投资机构或投资人都不能比拟的。这种资源可以包括人脉、渠道、智慧、场地，也可能

---

① 股权众筹公司若可以满足股份有限公司的设立条件也可以直接设立股份有限公司，或在条件允许的情况下进行股份制改革。但因这种情况对公司各方面的要求较高，实际操作中并不多见。

涉及某些行业内鲜为人知的经验、技能或商业规则。这也可以解释很多股权众筹公司并不是在线下融不到资，其宁愿接受比线下投资低很多的估值而采取股权众筹模式，其根本目的在于对资源的占有，这种资源也将成为股权众筹公司未来成长壮大的坚实基础。

(二) 股权众筹公司之"核"

1. 公司的治理模式

股权众筹公司与传统公司相比在公司治理模式选择时需要考虑的问题更多，前文已经分析过，股权众筹公司除了具有众多的众筹股东外，还存在人合性与资合性的矛盾、信息不对称的问题、监管制度的缺失等问题。这就决定了股权众筹公司的治理模式必须进行创新。这种创新不能是盲目的，而应根据公司的具体情况进行治理模式设计。一方面要保证公司治理的效率；另一方面要保证股东的合法权益不受侵害。可以考虑在股权众筹公司治理模式中引入"合伙人制度"，另外充分利用互联网媒介、股权众筹平台等解决信息不对称的问题，引入外部监督机制，创新内部监督机制。

2. 公司的股权结构

股权众筹公司极易形成股权结构的过度分散，实践中过度分散的股权不利于公司的发展，容易导致公司治理失灵，出现公司僵局。因此在股权众筹公司进行股权融资前应对公司将来的股权结构进行全面分析，设计出适合公司发展的股权众筹融资方案。在股权众筹融资方案设计时，尽量选择资源型的投资人，尽可能减少只有资金或小额资金的众筹股东，使众筹股东人数少而精，使得公司的股权结构不过于分散。即使公司产生了股权分散的情况，也可以通过签署一致行动人协议，收集代理投票权，限制众筹股东投票权等方式提高公司治理的效率。同时，设计股权众筹融资方案时出让的股权要适度，不要设计等额的股权比例，要为公司的创始人或控股股东保有控制权，以便保持其对公司发展大局的掌握。

3. 众筹股东利益的保护

在股权众筹公司中，风险最大的就是广大众筹股东。特别是在当前我国的法律背景下，很多众筹股东并未真正登记在册，而仅仅是与其领头人成立了有限合伙组织,在股权众筹公司的治理过程中,根本不会出现个人众筹股东的身影。这种模式直接导致了众多股权众筹股东无法获得相应的权利如知情权、参与权。甚至也没有顺畅的退出渠道,这种状况不但不利于众筹股东个人利益的保护,也不利于公司长远的发展。因此,股权众筹公司应充分重视众筹股东利益的保护,尽可能地承认每位股东的身份地位。设立股东交流平台及时将公司的相关信息进行公开,保障每位股东的知情权与参与权。完善股东退出机制,利用股权众筹平台或区域股权交易市场,实现股权众筹股东退出渠道的畅通无阻。

第三章　股权众筹公司设立制度对传统公司法律的突破

公司设立是指公司设立人为取得公司法人资格，而依法完成法律所规定的各种要件的行为。① 随着现代公司制度的不断发展完善，公司设立制度的重要性也逐渐凸显。公司设立制度的完善程度，合理程度不但关系到公司股东及利益相关主体的利益平衡问题，还影响到公司自治理念的实现，是公司法中最为基础也十分重要的内容。我国《公司法》关于公司的设立采取了两种不同的模式："有限责任公司的设立采取了创立主义模式，即作为公司实体的社团在公司登记成立之后才逐渐形成；股份有限公司的设立则采取社团构成主义模式，即作为公司实体的社团在公司登记成立之前就必须形成。"② 实践中，因有限责任公司设立所需的条件较易满足，且符合中小企业创业发展的需要，因此大部分股权众筹公司选择有限责任公司模式。然而，在我国法律背景下，有限责任公司的设立条件却与股权众筹并不十分契合。且因股权众筹公司设立是否成功与股权众筹项目，公司发起人有着密切的联系。其出资形式也具有特殊性，为了满足股权众筹公司的需要，切实保护公司股东的利益，应在有限责任公司设立过程中加入特殊的制度设计，以保证股权众筹公司的顺利设立。

---

① 张民安：《公司设立制度研究》，《吉林大学社会科学学报》2003 年第 1 期。
② 徐浩：《反思与完善：我国公司设立的制度重构》，《青海社会科学》2013 年第 1 期。

第一节　股权众筹公司的股东人数限制豁免制度

我国《公司法》第 24 条规定："有限责任公司由五十个以下股东出资设立。"这就意味着股权众筹公司在进行股权众筹时必须严格限制众筹参与人数，否则将突破法律上线。现实中，很多众筹平台为了限制众筹参与人数，采取提高单个投资者投资下线、明确限定众筹参与人数或组建有限合伙组织的形式。但这种人为的限制条件并不符合股权众筹的本性，作为互联网普惠金融，股权众筹最大的优势就在于其能够吸引更多的大众投资者，这种人为的限制条件将大部分普通投资者拒之门外，使得股权众筹与传统的私募股权基金没有了本质上的区别。面对新兴事物，我们不应为了适应现有的法律规定而限制其天性，而应根据事物的发展需要，适时地对法律进行调整，对股权众筹公司的股东人数进行特殊规定，放宽限制条件。股权众筹公司股东人数限制的放宽不是《公司法》就能够解决的问题，还需要《证券法》《非上市公众公司管理规定》等法律法规的联动调整。

一　股权众筹公司股东人数限制豁免的前提

第一，《证券法》的调整。我国现行《证券法》制定时我国的金融市场才刚刚起步，因此为了最大限度地保护投资者，控制金融风险，相关规定都较为严格。这种严格的法律限制措施在一定时期内起到了积极作用，但从金融市场的长期发展来看，其也在一定程度上阻碍了金融市场的创新发展。以公开发行的判断标准为例，以人数标准来确立非公开发行的界限最具直观性和可操作性，自 1935 美国证券交易委员会（SEC）发布的《证券法案公告》确立了非公开发行的"人数"标准以来，这一模式被很多国家立法所借鉴。我国也采取了这一立法模式，将非公开发行的人数标准设定为 200 人。该标准设立之初的确体现出了一定的优势，其对非公开发行的界限的判断最为直观也最具操作性。但随着金融市场的不断发展，这种模式已不再适应现实需要。美国证券法关于非公开发行的判断标准早已从简单的"人数"标准发展到更符合立法目的的"需求保护"①标准,从严格的"关系要件"②发展为更为合理的"分离检验"③标准。④

现实生活中,并非所有的投资者都需要保护,一些合格的投资者有能力承担一定的风险,法律无须过多地进行干涉。"以社会本位为核心,追求实质公平"⑤是金融监管机关的职责,保护金融市场中的弱势投资者是其主要任务。《证券法》仅从投资的总人数来考虑是否构成公开发行,而不对投资者进行严格的区分,实际上是以牺牲普通投资者的金融参与权来保护普通投资者。值得庆幸的是在《证券法》的修订过程中这一弊端已经得到了足够的认识,《证券法(修改草案)》第12条对公开发行进行了修订,第13—16条明确规定了公开发行证券的注册或核准的豁免制度,对股权众筹的合法地位予以确认,明确了合格投资者的界定标准,使股权众筹可以免于受制于公开发行对于200人的限制条件。

第二,公众公司概念的调整。根据《非上市公众公司》第2条的规定:非上市公众公司是指有下列情形之一且其股票未在证券交易所上市交易的股份有限公司:(一)股票向特定对象发行或者转让导致股东累计超过200人;(二)股票以公开方式向社会公众公开转让。从这一对非上市公众公司的概念界定中,我们可以总结出我国公众公司的概念包含三个要素:股东超过200人,股票可以公开转让,股份有限公司。从这一概念来看,以有限责任公司形式存在的股权众筹公司不应属于公众公司的范围。但事实上,股权众筹公司的股东人数极

---

① "需求保护"标准,指判断一个发行行为是否非公开发行时,以发行对象是否需要《证券法》的保护为标准。如果这些受要约人有能力自我保护,无须《证券法》的保护,那么向这类人的发行就是非公开发行,反之为公开发行。

② "关系要件"是指发行对象与发行人之间必须具有一种特殊关系,如为发行人的内部人,否则该发行行为就不能被认定为私募发行,不能获得注册豁免。

③ "分离检验"标准是指将发行对象获得信息的途径分为两种情况(该信息必须与登记注册获得的信息类似):一是发行人主动披露与发行有关的信息;二是在发行人没有主动披露的情况下,发行对象也能够获得必需的信息。

④ 梁清华:《美国私募注册豁免制度的演变及其启示——兼论中国合格投资者制度的构建》,《法商研究》2013年第5期。

⑤ 徐孟洲等:《金融监管法研究》,法制出版社2008年版,第48页。

易触及 200 人的限制，从而成为公众公司。

公众公司概念来源于英美法系，英美法系中对公司的分类方式与我国有所不同，其以公司股权能否自由转让为标准将公司划分为封闭公司与公众公司。公众公司指那些股票能够为社会公众持有并可自由交易的公司。① 另外美国法学会在《公司治理准则》(Principles of Corporation Governance) 中还规定了公众公司的人数及资产，公众公司人人数下限为 500 人，资产下限为 500 万美元。② 可见，公众公司其本意上应该是指股票能够自由转让且股东人数众多的公司。

公众公司在我国被限定为股份有限公司，这与我国《公司法》对公司类型的划分具有重要的关系。但事实上这种划分方式已经成为我国公司自由发展的障碍，但在无法对其进行调整的情况下，我们可以适时地做出一些概念的调整，其中最重要的就是对 200 人限制条件的调整。公众公司的人数标准应与实体经济的发展水平及公司的现实需要相适应，200 人的标准确立已久，已不适应当今公司的发展需要，甚至对公司的发展构成了障碍。公司在发展过程中不敢通过换股的方式实现并购，害怕对员工承诺股票期权，甚至不得不放弃一些融资机会。因此，为了更好地满足公司发展的需要应将公众公司的人数门槛上调。

二 股权众筹公司股东人数限制豁免的现实意义

首先，有利于公司顺利设立。现有法律的股东人数限制条件对股权众筹公司的顺利设立构成了一定障碍，若股权众筹公司在股东人数限制上获得豁免，可大幅度提高股权众筹公司设立成功的概率。第一，股权众筹公司股东人数限制豁免可以提高股权众筹公司融资成功的概率。股权众筹融资作为普惠金融，其能够接受的投资者越多成功的概率就越大，股东人数限制的豁免可以使更多的投资者直接参与股权众筹，提高股权众筹融资的成功率，为股权众筹公司的顺利设立提供资金保障。第二，股权众筹公司股东人数限制豁免可以简化公司设

---

① 苗壮：《美国公司法制度与判例》，法律出版社 2007 年版，第 138 页。
② 施天涛：《公司法论》，法律出版社 2006 年版，第 79 页。

立的程序。现实中,为了符合股东人数限制的规定,股权众筹平台采取签订代持协议或有限合伙的形式。无论是签订代持协议还是由平台代为注册办理有限合伙企业,都需要一个过程,且程序较为复杂,给广大众筹投资者带来了不必要的麻烦。股东人数限制豁免可以跳过这一复杂的程序过程,极大地节约投资者的时间,简化公司设立的程序。第三,股权众筹公司股东人数限制豁免可以降低公司设立的成本。任何服务都是需要付出代价的,股权众筹平台协助众筹股东签订代持协议,代为注册有限合伙企业都需要支付一定的费用,这无形中也增加了股权众筹公司设立的成本。

其次,有利于股东权利保护。在股权众筹公司中,风险最大的就是广大众筹股东。在采取股份代持或有限合伙形式的股权众筹公司中,股东的权利无法得到有效的保护。股东人数限制豁免后,股权众筹公司应将所有股东登记造册,以保证股东的合法权利。第一,保证股东的知情权。股东直接登记在股东名册代表股东可以直接行使知情权,而不需要代持人与有限合伙组织代为转告,减少了中间环节,保证了股东知情权的实现。第二,保证股东的参与权。与知情权相同,众筹股东的意见无须通过他人代为表达,只要其有参与公司治理的意愿,都可以直接行使其参与权,避免了因他人原因造成的参与权受限。第三,保证股东的退出权。在缺乏顺利退出渠道的情况下,若股东再为隐名股东,则其退出权几乎无法实现,只能依附于代持人或有限合伙组织。众筹股东直接登记造册,为股东顺利退出提供了有利的前提条件,取消了代持或有限合伙情况下对众筹股东退出权的限制。

三 股权众筹公司股东人数限制豁免制度的设计

(一)域外经验借鉴

在股权众筹中亟须解决的问题就是公众公司触发人数的限制条件,这一点美国做出了尝试。根据美国现行法律规定,总资产达到1000万美元且股东人数超过500人的企业需向SEC进行上市公司注册,JOBS法案将以股权众筹形式筹集资金成立公司的股东人数限制调高至了 2000 人。① JOBS 法案将公众公司的触发人数上调至 2000 人意味着股权众筹公司可以获得更多的融资机会，符合创业型中小企业的现实需要，且为以后股份的自由流通打下了好的基础。

（二）具体制度设计

正如前文所述，公司的形式特别是针对公众公司的人数限制条件应与现实需要相吻合。股权众筹公司股东人数限制豁免制度必须建立在《证券法》等法律法规对"200 人"规定进行调整的基础上，再来讨论《公司法》应如何对股权众筹公司的股东人数进行豁免。

第一，根据实际需要扩大股东人数上限。股权众筹的特点，其参与者越多，众筹成功的概率就越大，同时每个投资者所需承担的风险就越小。因此，尽可能地扩大股权众筹公司的股东人数上限不但有利于公司的发展，也有利于投资者利益的保护。但根据现实需要，还是应当对股权众筹公司股东人数进行一定的限制，结合国外经验及我国的经济现状，该人数限制可以暂定为 1000 人，即以众筹方式成立的有限责任公司其股东人数最大可以扩大至 1000 人。

第二，根据不同的众筹金额制定不同的标准。1000 人的标准是一个人数的上线，现实中很多股权众筹公司其筹资的金额并不大，为了防止其股权过于分散，可适当对股东人数进行限制。通过对几大股权众筹网站上线项目的分析可以发现其筹资金额多在 1000 万元以下，结合我国普通投资者的风险承担能力，可以将股权众筹公司股东人数的豁免分为两个标准：融资金额在 1000 万元以上的股东人数上限为 1000 人，融资金额在 1000 万元以下的股东人数上限为 500 人。

第二节　股权众筹公司的发起人选任制度

公司设立需要具备三大基础要素——发起人、资本、公司章程，其中发挥主导作用的就是公司的发起人。发起人的行为在公司的设立过程中发挥着决定性作用，其很可能影响公司设立的成功与否，决定

---

① 鲁公路、李丰也、邱薇：《美国 JOBS 法案、资本市场变革与小企业成长》，《证券市场导报》2012 年第 8 期。

着公司未来的治理机制。[①] 在我国法律体系中，人们通常认为只有股份有限公司才存在发起人，有限责任公司则不存在发起人。事实并非如此，我们之所以产生这样的误解原因来自两方面：第一，发起人这一概念最早出现在原国家经济体制改革委员会于 1992 年颁布的《股份有限公司规范意见》第 10 条[②]规定中，并一直沿用至今。第二，有限责任公司虽也存在发起人，只是因为其参与人数较少且股份流通受到严格限制，发起人一般必然成为公司的股东，因此公司的发起事宜直接由将来股东承办了，也就省略了发起人的概念。最高人民法院《关于适用〈中华人民共和国公司法〉若干问题的规定（三）》第 1 条[③]的规定中也明确指出发起人应包括有限责任公司设立时的股东。基于股权众筹公司自身参与人数众多，地域分布较广，且股份具有一定流动性的特点，其设立过程中应对发起人进行特别规定。

一 股权众筹公司发起人的资格审核

股权众筹公司的发起人通常也是股权众筹项目的发起人，在公司成立后，其也会是公司的主要管理者、创始团队成员，对股权众筹公司的发展起到关键性作用。这就要求发起人具备良好的道德素质及一定的法律知识，但事实上并非每个发起人都符合这一标准。特别是在市场经济条件下，每个商人都受到个人私利的影响，在一定条件下追求利益的最大化是他们的共同目标。但公司作为一个多种利益结合的共同体，不能仅体现发起人个人的利益。因此有必要对发起人手中的权利进行限制，对其法律责任进行明确规定。特别是在股权众筹公司中，因为公司发起人同时也是股权众筹项目的发起人，其个人道德素

[①] 张若楠：《公司发起人法律制度研究》，博士学位论文，吉林大学，2012 年，第 64 页。

[②] 公司发起人是指按照本规范订立发起人协议，提出设立公司申请，认购公司股份，并对公司设立承担责任者。公司发起人应是在中华人民共和国境内设立的法人（不含私营企业、外商独资企业）。但中外合资经营企业作为发起人时不能超过发起人人数的 1/3。自然人不得充当发起人。

[③] 为设立公司而签署公司章程、向公司认购出资或者股份并履行公司设立职责的人，应当认定为公司发起人，包括有限责任公司设立时的股东。

质、执行能力、管理能力等都直接影响到公司的发展，为了保证股权众筹公司的顺利设立与进一步发展，除明确规定发起人的法律责任外，还应对发起人进行严格的审核。

(一) 审核标准

根据我国《公司法》的规定，自然人或法人均可以成为发起人，但受到法律禁止的人和受竞业禁止的人不得作为发起人。股权众筹公司的发起人除了满足以上条件外，还应具备良好的道德素质及较强的管理能力，因此我们的审核制度也从道德与能力两个方面来对发起人进行考核。

1. 道德的审核

道德素质是一个十分抽象的概念，如何对其进行审核需要多方面的考量。对于股权众筹公司发起人道德素质的审核，可利用已有的征信体系。征信机构把依法采集的信息，依法进行加工整理，最后以信用报告的形式提供给合法的信息查询人。我国目前应用最为广泛的征信系统主要是指中国人民银行设立的中国人民银行征信中心，其专门负责企业和个人征信系统即金融信用信息基础数据库，又称企业和个人信用信息基础数据库的建设与维护。目前，征信系统主要用于金融领域，但我们可以对其征信内容进行扩充后将其适用于股权众筹公司发起人的审核。除了现有的以银行信贷信息为核心，以社保、公积金、环保、欠税、民事裁决与执行等公共信息为补充的信用信息外，对股权众筹公司发起人的征信还应借鉴公司法中关于信义义务的规定。信义义务在当今社会中所体现的是社会伦理道德对法律的渗透，它完美融合了大陆法系的"诚实信用原则"与英美法系的"衡平原则"，已经成为现今商业社会中的最高商业道德准则。因此将其加入股权众筹公司发起人的信用报告之中，更能体现发起人的道德素质，更大限度地保障股权众筹公司的顺利设立。具体的信义义务考核内容包括：发起人是否曾经存在为个人利益损害公司利益的行为；是否认真履行信息披露义务；是否以一个谨慎人管理自己的财产时所应具有的注意程度去管理他人或公司的财产①等。

---

① William T. Allen, "Contracts and Communities in Communities in Corporation Law", *Wash. & Lee L. Rev.*, Vol. 15, 1964, p. 1404.

2. 能力的审核

股权众筹公司的发起人除了需要具备良好的道德素质外，还应具备一定的能力，这个能力是多方面的综合，包括管理能力、成就力、人际交往能力等。对管理能力的审核主要包括："发起人在以往的工作中是否具备处理所遇到的相关问题所需的基础素质。能否在工作中抓住重要信息，看清主要环境，理解潜在关系，提出创造性解决方案。"成就力的审核主要包括："发起人是否具有积极向上的精神，包括发起人的个人意志状况，是否具有主见，是否具有调动各种资源的能力等。在遇到困难时能否进行自我鼓励，是否具有不断进取的意向，是否有取得一定成绩的能力"。人际交往能力的审核主要包括："发起人是否能够处理好创始团队的人际关系，将创始团队凝聚在其周围，成为优秀的领导者。是否能够虚心地接受他人的意见，善于沟通，善于倾听，善于尊重理解他人的意见。能够妥善处理各种复杂的人际矛盾，促成成员间的和睦相处，以个人的能力积极影响他人。"①

（二）审核主体

1. 股权众筹平台

股权众筹平台作为股权众筹项目的筹资平台，其最早与公司发起人进行接触，由其对股权众筹公司的发起人资格进行审核能够从源头上进行把控，更有效地保障股权众筹公司的顺利设立。且平台具有自身信息优势，股权众筹项目的发起人为了获得在平台上线的机会，更为了上线后能成功完成众筹，其会向股权众筹平台提供项目可行性报告，这其中有一项重要的内容就是发起人的资质。股权众筹平台可利用这一信息优势，对股权众筹公司的发起人进行资格审核。

2. 证监会

股权众筹公司发起人审核如仅仅由股权众筹平台来完成的话，很容易造成平台与发起人勾结牟利的情况发生。因此，必须有公权力的介入，对这一审核制度进行监督管理。证监会作为股权众筹平台的监督机关，也应对发起人的审核制度进行监督管理。证监会可以制定股

---

① 参考黄玉玲《壳牌：以管理者能力为核心的考核》，《企业管理》2014 年第 11 期。

权众筹公司发起人审核的实施细则,具体交由股权众筹平台来实施,证监会对审核材料进行审查备案。

二 股权众筹公司发起人的责任

资本的逐利性是其本质属性,资本家为了获取利益可以用尽一切手段。因此,利用法律对发起人手中的权利进行约束,正确引导其设立公司的行为,并对其所应当承担的责任进行明确规定是十分必要的。

(一)发起人对股权众筹投资者的责任

股权众筹公司的发起人与股权众筹公司的众筹投资者在身份地位上都具有诸多不同。虽然在公司成立后,发起人与股权众筹投资者都可以获得股东的身份,但在公司管理中的地位大不相同。发起人通常也会成为公司的主要管理者,掌握着公司的命运,而股权众筹投资者则只是普通股东,甚至对公司的管理完全漠不关心。这种身份地位上的区别也直接导致了两者之间信息的不对称,无论是在公司的设立过程中还是公司成立后,发起人都掌握了更多的信息,在市场经济的条件下,谁掌握的信息越多谁就拥有更多的获利机会,因此为了避免发起人利用手中的信息优势牟取私利,其必须对处于信息相对匮乏状态的股权众筹投资者承担相应的责任。

1. 公司设立过程中发起人对股权众筹投资者的责任

公司在设立的过程中必然会与外界发生法律关系,因为此时的公司还未成立,不具备独立的民事主体资格,因此由发起人代为行使民事权利。在这个过程中发起人可能利用手中的权利及信息资源优势来牟取利益。为了保障股权众筹投资者的利益不受损害,发起人应承担相应的义务如充分履行信息披露义务、不得获取秘密利益义务等。[①] 这就要求在公司的设立阶段,股权众筹的投资者就应当享有一定的知情权,可以要求查阅与公司设立相关的文件,如果发现发起人违反了上述义务,甚至为个人谋取了不当利益,则股权众筹投资者可

---

① 张若楠:《公司发起人法律制度研究》,博士学位论文,吉林大学,2012年,第79页。

以要求发起人对不当利益予以返还，承担因此造成的一切损失，并获得撤出投资的权利。当然股权众筹投资者要实现这一监督职责还需要强有力的法律制度作为保障，在此可以考虑引入股东诉讼制度（具体内容在第五章进行论述）。

2. 公司设立失败后发起人对股权众筹投资者的责任

公司在成功设立以前都会面临设立失败的风险。设立失败可能是由于公司的设立条件不符合法律规定比如募股不足、股东人数不符合法律规定等，此类情况会导致公司自始不成立也被称为公司设立不能。设立失败还有可能发生在公司已经登记后，由于公司成立的条件欠缺导致已经登记成立的公司资格被取缔，该情况被称为公司设立无效。无论是公司设立不能还是公司设立无效其都会导致公司资格自始无效，公司设立宣告失败。当公司设立失败时，必须有人来承担公司设立失败的后果，根据我国《公司法》的规定此时应由发起人对认股人承担赔偿责任。具体到股权众筹公司中，即当股权众筹公司设立失败后，股权众筹公司（项目）的发起人应返还众筹投资者本金及加算同期银行利率。公司在设立过程中产生的费用、债务等由发起人以其投资额为限承担有限责任。

（二）发起人的出资责任

公司发起人完整的履行出资责任是其应尽的义务，在股权众筹公司中发起人的出资时间、出资金额及出资权利的完整性也应予以明确规定。为了更好地保护众筹投资者的合法权益，一旦发起人的出资存在瑕疵，应责令其承担相应的法律责任。

1. 发起人的出资时间

在股权众筹公司的设立过程中，众筹投资者的出资在众筹完成后就已经到位。根据我国《公司法》现行的资本制度，不再限制众筹项目发起人的出资缴纳期。这一规定虽在最大限度上降低了公司设立的门槛，但在股权众筹公司的设立中，却增加了投资者的风险。众筹成功后，众筹投资者的资金已经到位，如果众筹发起人迟迟不履行出资义务，则很可能会影响公司的正常设立甚至会对投资者的合法权益造成损害。因此，在股权众筹公司的设立过程中，应明确发起人的出资时间。根据实践经验，可以将发起人出资的时间设定为股权众筹完成后一个月内。若一个月内发起人的出资到位，股权众筹平台可以将众筹款总额的 1/3 拨付给发起人，后续款项的拨付以公司成立的进度为准。若众筹完成后一个月内发起人无法出资到位，则股权众筹平台将筹集的资金退还给投资者。

2. 发起人的资本充实责任

资本充实责任是公司法上规定的一种特殊责任，通常情况下这一责任由公司的发起人来承担，包括公司股份的认购担保责任，资金的缴纳担保责任，出资不实的填补责任以及损害赔偿责任等。资本充实责任的存在是为了在最大限度上保证公司资本的可靠性，提升公司资本的信用度。[①] 股权众筹公司的发起人也同样应当承担资本充实责任，只不过在现阶段大部分股权众筹投资者都是直接以足额金钱出资，且无拖缴现象，此时发起人只需对自身的出资承担充实责任。但随着股权众筹投资者出资方式的多样化，发起人的资本充实责任就不仅面向自己而是面向全部公司资本，发起人必须对众筹投资者的出资承担资本充实责任，以此来提升股权众筹公司资本的可靠性及信用度。

第三节　股权众筹公司的资本制度

公司资本作为公司取得法人资格的基础，是公司得以成为市场主体的依据。公司资本制度作为对公司资本进行确认的制度，其重要性不言而喻。目前公司法领域存在三种资本制度，分别是：法定资本制、授权资本制和折中资本制。无论采取哪种资本制度，公司资本制度得以形成和确立的基础是同样的，即"资本确定、资本维持、资本不变"原则。在"资本三原则"理论的指导下，各国立法者根据本国的实际，结合市场发展的需要，在综合考虑公平、效率与安全等价值因素的基础上，选择适合本国的公司资本制度模式。2013 年《公司法》修订以前，我国实行的是严格的法定资本制。立法者的目的是想

---

① 冯果：《论公司股东与发起人的出资责任》，《法学评论》1999 年第 3 期。

通过严格的资本制度，提升企业的社会公信力，最大限度地保护债权人及其他利益相关者的合法权益。但经过多年的实践证实，这种严格的法定资本制并没有起到应有的作用，反而造成了企业融资成本的升高，损害了投资者的投资积极性，增加了违法出资发生的可能性，违反了市场经济规律。随着实践与学术研究的深入，人们发现公司的清偿能力与公司的资产的关系更为密切。[1] 于是我国《公司法》在2013年对公司资本制度进行了大刀阔斧的改革。修改后的《公司法》，将注册资本实缴制改为了注册资本认缴制，取消了注册资本最低限额要求和缴纳期限的限制，以及验资制度等规定。与此相应的工商登记制度也进行了一定的修改。[2] 公司法这次针对资本制度的改革，最大限度地放宽了对市场主体的准入制度，提高了商事主体参与市场经济活动的积极性，促进了企业商业信誉的有效提升。在当前的认缴资本制下，股权众筹公司的资本制度还具有自身的特点。

一 股权众筹公司资本制度的完善

公司资本有广义与狭义之分。广义的公司资本包括股权资本、债权资本和公司自生资本；狭义的公司资本仅指股权资本。[3]公司资本制作为公司设立制度的核心内容，在公司法中具有极其重要的地位。认缴资本制全面取代实缴资本制后，我国公司的设立制度发生了根本性的变化，在公司设立的具体操作过程中应摒弃实缴资本制时的思维方式，创新公司设立的操作流程。对于股权众筹公司而言，认缴资本制下应如何确保公司顺利设立成为一个新的课题，其必须根据具体情况对该制度进行完善。

首先，正确认识股权众筹公司的公司资本。公司资本由章程确定，由股东认缴或认购，经公司登记主管机关依法登记注册成为注册

---

[1] 施天涛：《公司资本制度改革：解读与辨析》，《清华法学》2014年第5期。

[2] 公司实缴资本不再作为公司设立时的登记事项，年度检验制度改为企业年度报告公示制度。

[3] 施天涛：《商法学》（第三版），法律出版社2006年版，第76页。

资本，使之固定化、法律形式化。① 在我国长期的实缴资本制过程中，存在对注册资本与公司资本的错误认识。公司注册资本强调公司财产的价值数额和应有状况，但并不代表公司资本的真实状况，也不能够以此作为保障债权人权益的依据，在现实中还滋生了"抽逃出资"等问题。而事实上公司资本应指的是公司的实有资本，它主要指公司财产的实有状况和外在表现形式。在实缴资本制下，公司资本就体现为股东的实缴资本，也就是公司依法注册登记的资本。但在认缴资本制度下，公司的资本可以表现为应收资本，公司在登记机关登记注册的资本必须由股东认缴或认购，无论股东最终是否完成实际出资，这一资本数额不会发生变化。股东如尚未出资，则公司资本体现了债权形式。但在股权众筹公司中，众筹股东的投资通常表现为实缴资本。为了保护投资者的利益，发起人的出资也应在一定期限内完成实缴。因此，虽然在认缴资本制的大背景下，股权众筹公司还是应该强制采取实缴资本制。

其次，股东出资审核制度。实缴登记制度时期，注册登记机关会对股东的出资进行审核，以保障其出资能够及时充足地注入公司。但在认缴登记制度的背景下，股东的出资只需要认缴就可以完成登记，且认缴没有时间的限制，使得注册登记机关无法对出资进行实质审核，因此，公司的登记主管机关应对股东的出资方式采取宽容的态度，尽量放宽其出资方式。公司登记机关应当允许股东自行约定出资方式与出资份额，充分尊重股东的意思自治。但同时也应加强对特殊行业的监管，股权众筹公司作为一种风险性较高的公司形式，为了保证众筹股东的合法权益，应对发起人的出资情况进行审核，尤其是对其财产的清洁度、充足程度等进行严格的审核。

二 股权众筹公司出资方式的创新

股东出资，发生在公司设立或增资过程中，其是公司资本制度的一个重要环节。股东出资构成了公司资本，作为公司生产经营和发展

---

① 沈贵明：《论公司资本登记制改革的配套措施跟进》，《法学》2014年第4期。

扩大的原始积累，股东以何种财产出资，即股东出资方式如何，关系到公司的资本构成以及公司未来的发展前景。在股权众筹公司的设立过程中，对出资方式进行研究并提出创新性建议，不但有利于其顺利设立，也为其今后的健康发展打下了坚实的基础。

当前，股权众筹公司的出资方式还主要局限在货币出资，尤其是对于股权众筹参与者而言，除了货币出资并无其他选择。这在很大程度上与我国的文化传统、经济发展水平、经济转型时期立法者谨慎的立法态度有关。现行《公司法》几经修改，放宽了对出资方式的严格限制规定，明确列举了货币、实物、知识产权和土地使用权四种出资方式，同时也承认了其他可用货币估价并可依法转让的出资方式的合法地位。但《公司登记管理条例》对以劳务、信用、商誉、自然人姓名、特许经营权等财产作价出资予以明确禁止。这无疑是在放开的同时又人为设置了重重枷锁，也体现出我国股东出资方式在立法理念和技术上的落后。从现实公司运作经验来看，很多股权众筹公司需要的并不仅仅是资金上的支持，拓宽其出资方式也可以为股权众筹公司的发展铺平道路。

（一）商业资源出资

商业资源是指包括个人在内的具有商业价值的各类有形和无形的资产和其组合。[①] 据了解，很多公司选择股权众筹方式来筹集资金其真正看中的并不是资金本身，而是每个股权众筹者身后的资源。因此本身在人脉、商业机会等资源上就带有优势的出资者更受到公司的青睐。但商业资源本身是一个抽象的概念，很难对出资者的资源进行合理的价值评估，这也使得在实际操作中，该出资方式极为罕见。通常情况下，股权众筹公司采取了一视同仁的做法，无论出资者提供的资源能够给公司带来多大的回报，都仅以其出资额来分配股权。为了获得更多的资源，公司就尽可能多地吸纳股东，以量取代对质的要求。但这一做法既无法保障资源的有效利用，也给公司治理带来了巨大隐患。因此，建议股权众筹公司在设立时，可与拥有有价值商业资源的

---

① 项新永：《我国当前商业资源的有效整合》，《上海企业》2002年第12期。

出资者签订协议，在协议中约定出资者保障以其商业资源帮助公司实现一定的发展或获得一定的利润。该目标实现后，商业资源出资者获得公司一定股权，享有股东权利。若出资者未完成该协议内容，则由其承担出资补缴责任或公司对相应股份重新进行募集。

(二) 劳务出资

劳务出资是指出资者将自身的劳动包括体力劳动和脑力劳动进行评价估值后以此作为资本进行出资。我们也可以将劳务出资理解为人力资本出资，因为人力资本出资实际上是人力资本使用权的出资，必须以具体劳动的方式为公司实现其人力资本使用权的价值。[1] 股权众筹公司中需要的人力资本或劳务出资应为高级的脑力劳动及专业技术性劳动。根据公司的现实需要可与具备该能力的出资人签订出资合同，出资人在一定期限内为公司提供劳务或者完成一定的工作成果。劳务出资者和公司签订出资协议视为认缴相应的出资，相应出资比例依照劳务价值确定，在约定劳务期限结束或者特定工作任务完成后则股东实缴出资完毕，此后享有完全的股东权利。这其中一个重要的环节就是对劳务出资价值的确定，通常情况下，公司可以比照该劳务的市场价值在不超过最高市场价的情况下与出资者自由约定。如出资人的技术性成果或专业技能对公司的发展具有决定性作用，则可适当提高对出资人劳务的估值。但若在实际履行中发现，该出资劳务被过高估值，则应由出资人变更出资方式补缴差额或对相应股份重新进行募集。

---

[1] 李友根：《人力资本出资问题研究》，中国人民大学出版社 2004 年版，第 59 页。

第四章　股权众筹公司的治理结构特色及制度创新

200年前，亚当·斯密就曾在《国富论》中提及："在股份公司中经营者与所有者如不一致的情况下，很可能出现经营者玩忽职守的问题。"[1] 随后，美国哥伦比亚大学的伯利和米恩斯明确提出了所有权与控制权分离的观点，公司治理问题也由此而生。[2] 公司治理从本质上来说应该是一种制度安排，Blair将公司治理的概念界定为大型公司事物的决定权，以及这些公司与它们的员工、股东、债权人等一系列利益相关主体之间的法律或制度性安排。[3] La Porta R. 等则将公司治理视为权利的维持机制，外部投资者以此机制来防止内部人剥夺其对公司的权利。[4] 尽管目前学界对于公司治理的服务对象究竟是投资者还是其他利益相关者还存在一定的分歧，但有一个共同点必须承认，那就是公司治理在本质上来说是为了更好地保护投资者或公司利益相关者的合法权益，通过一定的权利义务划分来实现这一目的的一套制度安排。[5]

公司治理制度会随着外部政治、经济、法律条件的作用而发生一定的变化。股权众筹公司作为互联网金融模式下的新兴事物，其公司

---

[1]　[英] 亚当·斯密：《国富论》，文竹译，中国华侨出版社2019年版，第257页。

[2]　[美] 阿道夫·A. 佰利、加德纳·C. 米恩斯：《现代公司与私有财产》，甘华鸣、罗锐韧、蔡如海译，商务印书馆2005年版，第130页。

[3]　[美] 玛格丽特·M. 布莱尔：《所有权与控制：面向21世纪的公司治理探索》，张荣刚译，中国社会科学出版社1999年版，第39页。

[4]　La Porta R., Lopez-de-Silanes F., Shleifer A., "Investor Protection and Corporate Governance", *Journal of Financial Economics*, Vol. 58, 2000, pp. 3–27.

[5]　李明辉：《公司治理制度变迁与国际趋同：一个分析框架》，《东北大学学报》（社会科学版）2009年第6期。

治理制度也会随着内外部环境的变化而改变。为了适应股权众筹公司人数众多、股东参与性差和监管机制不健全的特点。很多股权众筹公司对公司的治理制度进行了大刀阔斧的创新，甚至出现为了体现众筹的平等性，在治理制度上也采取了绝对平均主义的做法。但事实证明这种过于追求平等的治理制度并不符合公司发展的实际，甚至直接导致了公司治理危机的出现。事实证明公司治理制度的设计必须符合公司的结构特点，在进行治理制度设计时应兼顾公平与效率，最大限度地保障股东的权益。因此，本章在对股权众筹公司治理制度的论述中，无论是从创始人股东的角度还是众筹股东的角度，其最终目的都是兼顾公平与效率，最大限度地保障股东权益，实现股权众筹公司的长远发展。

第一节 创始人股东的股权管理制度

公司创始人作为公司最初蓝图的勾画者，对公司的创建与发展往往发挥着巨大的作用。据相关研究显示，创始人股东较普通控股股东而言具有更为明显的特点。第一，创始人股东的眼光更为长远。通常情况下创始人股东会将企业作为自己一生的个人成就，因此其希望企业能够具有长远的发展前景，在实现自身利益的同时也会关注股东的利益，而不是仅关注企业的短期收益或发展，从而为提升企业的科学决策与经营业绩提供了保障。[1] 第二，创始人股东与企业一同成长。随着企业的不断发展，创始人股东在企业的管理过程中也会不断地积累经验和提升个人能力，也使得他们可能拥有更大的影响力和决策权。[2] 第三，创始人股东拥有较高的参与公司管理的积极性。对于创始人股东而言企业的成功也意味着其事业的成功，因此创始人更愿意

---

[1] Bertrand M. Mullainathan S., "Enjoying the Quiet Life-Corporate Governance and Managerial Preferences", *Journal of Political Economy*, Vol. 111, No. 5, 2003, pp. 1043-1075.

[2] Adams R. B., Almeida H., Ferreiira D., "Understanding the Relationship between Founder-CEOS and Firm Performance", *Journal of Empirical Finance*, Vol. 16, No. 1, 2009, pp. 136-150.

掌握公司控制权，积极参与公司治理，以保障公司在其意志范围内取得发展，同时也尽可能地减少委托代理所产生的问题。① 因此在对公司治理制度的研究中，对创始人股东的股权管理进行研究十分必要，特别是在股权众筹公司中，创始人股东权利的合理配置将直接决定该公司的发展前景，其中处理好创始人股东与众筹股东的股权配置，创始人股东之间的股权配置又是重中之重。

一 创始人股东的控制权维持

公司控制权本身是一个多学科交叉的概念，经济学、会计学、管理学、法学都从自身领域出发对其进行了界定。观点多元、众说纷纭，这也导致公司控制权这一概念被模糊化。通过对已有研究成果的分析，大致可以将学界对公司控制权概念的定义划分为三个大类：一类是"影响力说"。这种学说将控制权定义为"对公司的经营管理或方针政策具有决定性的影响力，这种影响力可以决定一个公司董事会的人选，决定公司的财务和经营管理活动，甚至使该公司成为某种特定目的的工具"②。二类是"资源支配说"。它将控制权定义为"权利主体对公司经济资源的占据、把握和处分，并由之对公司事务作出决策的权能"③。或者"是控制者对公司全部资源具有的支配性影响，并享有其利益的排他性权利的总和"④。三类是"结合说"。它认为公司控制权"是股东、管理层或其他利益相关者在事实状态下，拥有对公司经营决策、日常管理以及财务政策制定等的可能性与现实性之结合，是一种权力与权利观念的结合，即制度化了的影响公司财务决策和经营决策的能力与暗含于私权观念下的'意思自治'的'权利'观念的结合"⑤。综上，虽然学界对公司控制权的概念有许多不同见

---

① Jensen M.C., Meckling W.H., "Theory of the Firm: Managerial Behavior, Agency Costs and Ownership Structure", *Journal of Financial Economics*, Vol.3, No.4, 1976, pp.305-360.
② 殷召良：《公司控制权法律问题研究》，法律出版社2007年版，第26页。
③ 甘培忠：《公司控制权的正当行使》，法律出版社2006年版，第68页。
④ 胡智强：《公司控制权：话语权与法律调整》，法律出版社2008年版，第29页。
⑤ 梁天：《公司控制权研究》，博士学位论文，吉林大学，2011年，第59页。

解，但是我们依然可以从中概括出几点共性，即公司控制权意味着对重大事项的决策权、对公司人事的任免权和对公司财产的处置权。结合美国法律研究院颁布的《公司治理原则：分析与建议》中对公司控制权的定义，[①] 可以将公司控制权定义为：一人或多人以直接或间接地方式对公司的人事、财产、经营管理施加控制性影响的权利。

（一）创始人股东控制权维持的已有方式借鉴

1. 交叉持股

交叉持股来源于英美法上的 Cross-ownership、德国法上 Wechselseitige Beteiligung 和法国法上的 Participation Reciproque 的翻译。学界通常将"公司法人持股"认定为公司交叉持股的起源。最初，交叉持股被应用于日本的"阳和房地产公司收购案"。[②] 交叉持股在我国深化国企改革和进行股份制改造的过程中得到政府和理论界的大力倡导。随着我国市场经济的不断深入发展与公司制度的不断完善，以政府为主导的交叉持股已经逐渐被以市场为主导的企业间自主选择为基础的交叉持股所取代。如今，交叉持股已被公司广泛接受，特别是上市公司间的交叉持股已十分普遍。

（1）交叉持股与创始人股东控制权维持

交叉持股之所以能够获得认同，主要是因为通过交叉持股，公司可以从中获得如稳定经营权、分担风险、获取垄断利润、抵抗敌意收购等各种利益。通过对交叉持股功能的分析，我们可以发现，几乎所有学者都承认其对控制权的维持具有积极意义。交叉持股对于创始人股东控制权的维持是通过资本多数决的表决机制实现的。在具体实践中可以体现在三个方面：第一，形成经营者间的默契，维护创始人的控制权。交叉持股具有的弱化所有者职能和强化经营者职能的作

[①] 公司控制权是指直接或间接地对公司的管理或经营政策施加控制性影响的权力。参见［美］美国法律研究院《公司治理原则：分析与建议》，许传玺译，法律出版社 2006 年版，第 19 页。

[②] 1952 年藤纲久次郎恶意地收购了阳和房地产公司 35% 的股权，为了防止被二级市场收购，三菱团（阳和房地产的母公司）重新调整了内部结构，1953 年，继日本修改《禁止个人垄断及确保公平交易法》之后，其下属企业开始交叉持股。

用。① 一般情况下，创始人对公司的控制权主要体现在控制股份决定的表决权。但在交叉持股情况下，公司持有他公司的股份表决权是由拥有公司控制权的创始人来代表公司行使。因此，公司创始人可能无须支出任何资金，仅通过与他公司经营者间的默契就可控制自己的公司，从而稳固自己的控制权。第二，抵御恶意收购，保护创始人的控制权。在当前我国市场经济的状况下，股权转让便利以及股权结构分散，导致公司恶意收购竞争对手公司的股权达到控制对手公司的经营权成为一种可能。② 公司间的交叉持股，使得在市面上流通的股份相对减少成为一种必然。恶意收购者能够通过市场收购到的股份也会随之变少，一定程度上降低了公司被恶意收购的风险，从而保护了公司创始人对公司的控制权。第三，促进公司长远发展，巩固创始人控制权。在没有交叉持股存在的情况下，公司可能随时成为竞争对手恶意收购的对象。为了应对竞争对手的收购，公司需要不断地引入新的投资人。有时为了迎合投资人的需求，在经营过程中甚至不得不放弃对公司有利的长期投资，从而追求短期的获利。交叉持股可以增加经营阶层的表决权，进而稳固公司的经营权，经营阶层便可以安心地实行其理念，不受经营权不稳的干扰。通过交叉持股，可以将控制权维持在更注重公司长远利益的创始人手中，更有利于公司的长远发展。同时，公司良好的发展前景也可以从另一个角度巩固创始人手中的控制权。

（2）交叉持股对于股权众筹公司是否适用？

交叉持股在我国虽然已经存在多年，但其主要集中适用于上市公司或大型企业。对于正处于起步阶段的股权众筹公司而言，却并不一定适用。究其原因，主要是因为在众筹阶段，公司尚未成立，没有资本投入其他公司，没有交叉持股的可能。即使众筹成功，在公司正式成立后，交叉持股也不利于股权众筹公司的发展。首先，交叉持股易造成资本空洞化。两个公司之间的交叉持股，事实上只是同一资金在两个公司之间来回流动。但每流动一次都会导致两个企业同时增加资

---

① 卞耀武：《当代外国公司法》，北京法律出版社1995年版，第75页。
② 沈乐平：《论母子公司与交叉持股的法律问题》，《社会科学研究》2004年第3期。

本额，而事实上两个公司的净资本根本没有增加。① 对于处于创业初期的股权众筹公司而言，充足的资金是其得以顺利发展的保障。选择交叉持股意味着公司必须拿出一笔资金去投入其他公司，以换取对等的投资，且这种投资不是短期的获利投资，而是一种长期投资，甚至会影响到企业集团的建立。可见这种方式不但会造成公司资本的虚增，还可能造成股权众筹公司实际可以支配的资金流被分散，不利于股权众筹公司的发展。其次，交叉持股可能会导致公司治理困境。交叉持股作为大股东控制权维持的一种方式，同样也可以是大股东用来操纵股东会、董事会，削弱其他股东对公司行使权利的方式。我国公司法目前并未对交叉持股公司相互所持股份的表决权行使进行限制，创始人利用手中的表决权优势可以轻松控制公司的股东大会，同时也会导致公司的内部监督机制不能发挥效用，使公司陷入治理困境。选择交叉持股就不可避免地面临公司治理的风险，对存在众多中小投资者，股权相对分散的股权众筹公司而言，其为了将经营风险降至最低不会选择交叉持股。最后，交叉持股一定程度上限制了众筹公司的发展。作为资本市场运作的产物，股权众筹公司具有非常典型的资合性。一旦公司在市场竞争中处于劣势地位，根据资本市场的运作规律，很可能处于被兼并的境地，而公司创始人也会因此失去控制权。为了维护自身的控制权，创始人会不断地提高自己的管理水平，进而提升公司的竞争力。这种先天的优势可以使其利用资本市场完成对公司的监督与发展规划。交叉持股特别是环形交叉持股可能形成行业垄断影响资本市场的正常优胜劣汰。在日本与韩国这种行业垄断极为普遍，② 而事实上这种行业垄断，人为地封闭了市场，造成资本市场并购机制无从发挥作用。在缺乏市场竞争压力的背景下，创业初期的股权众筹公司无法获知准确的市场信息，更无法根据市场来调整公司的发展方向，公司创始人在没有外界压力的情况下，也不会积极主动改善公司治理效率，从而导致公司无法获得长远发展。

---

① 蒋学跃、向静：《交叉持股的法律规制路径选择与制度设计》，《证券市场导报》2009 年第 3 期。

② 甘培忠：《论公司相互持股的法律问题》，《法制与社会发展》2002 年第 5 期。

2. 双层股权

双层股权结构（dual-class share structure），也被译为"双重股权结构""二元股权结构""双级股权结构"等，其实都指的是同一个概念。它是与恪守"一股一权"表决结构的一元制股权（single class equity）相对应的概念。通常是指将普通股划分为A、B两类，其中A类股遵循传统一股一权原则，每股附着一个表决权，而B类股表决权则被放大至A类股的数倍，A、B类股皆可转让，但转让后的B类股将丧失原本附着的超级表决权，成为A类普通股。[①] 双层股权结构最早诞生于美国，我国目前并未实行双层股权结构，在原则上还是坚持"同股同权"，但也允许例外的存在。对于"同股不同权"《公司法》根据不同的公司类型态度也有所不同，对于有限责任公司，股东可以通过合意来约定股东投票权；对于股份有限公司，仍明确要求"每一股份有一表决权"。[②] 同时，《公司法》第131条授权国务院可以规定"公司法规定股份种类以外的股份"。[③] 可见我国对于双层股权结构仍处于探索阶段，法律并没有明确规定是否可以适用双层股权结构。

（1）双层股权结构与创始人股东控制权维持

双层股权结构之所以兴起，正是由于其在维护创始人控制权方面具有天然的优势。首先，双层股权结构有效避免了控制权的稀释。通常而言，一个公司要想发展壮大，必然会进入资本市场进行融资，外部资本的注入代表创始人或创始团队手中的股权被稀释。根据资本多数决原则，股份的所有权与控制权被紧密地联系在一起，股东既享有所有权又享有公司经营管理的表决权。随着公司的发展壮大，资本的引进不可避免，每次引进资本都是一次对股权的稀释，因此股权所代表的控制权也必然会随之被稀释，从而导致控制权的流失。在双层股

[①] 冯果、杨梦：《国企二次改革与双层股权结构的运用》，《法律科学》（西北政法大学学报）2014年第6期。

[②] 《公司法》第42条规定："股东会会议由股东按照出资比例行使表决权；但是，公司章程另有规定的除外。"第103条第1款规定："股东出席股东大会会议，所持每一股份有一表决权。但是，公司持有的本公司股份没有表决权。"

[③] 《公司法》第131条规定："国务院可以对公司发行本法规定以外的其他种类的股份，另行作出规定。"

权结构中，资本多数决原则被打破，股权的稀释并不会对创始人控制权构成威胁。因为拥有超级表决权的 B 类股权数量是一定的，其所附着的超级表决权不会因为股权的稀释而被取消，从而有效避免了控制权的稀释。其次，双层股权结构能够保护创始人控制权不被恶意剥夺。激烈的市场竞争中，无论是公司内部还是外部都存在觊觎创始人控制权的人或组织，他们很可能利用各种方法恶意剥夺创始人的控制权。在"一股一权"的结构下，创始人甚至无力对自己手中的控制权进行保护。双层股权结构中，因为 B 类股票被限制转让的特性可以直接阻止要约人通过购买股票的方式取得公司控制权。同时，创始人也可以通过获得其他股东的支持采用其他形式来构建反收购的防御体系，从而保护了创始人控制权不被恶意剥夺。

（2）双层股权结构对股权众筹公司是否适用？

我国理论界对于开放双层股权结构已经呼吁多年，但法律上对其还是采取了相对谨慎的态度。《公司法》将设立双层股权结构的权利赋予了有限责任公司，其他交由国务院另行规定。但时至今日，国务院对双层股权结构的实施仍然没有进行明确规定。从表面上看，双层股权结构与股权众筹公司相当契合。我们可以将股权众筹公司的投资者分为两类：一类是拥有管理欲望的创业者，另一类是无管理欲望的单纯投资者。根据这种分类，我们还可以将股权众筹公司的股票分为有投票权的股票和无投票权的股票。拥有管理欲望的创业者可以通过牺牲一点收益权而获得有投票权的股票，从而获得公司的控制权；而单纯的投资者获得具有收益分配优先权的无投票权股票。这种双层股权结构的治理模式既满足了创业者对控制权维持的欲望，又满足了广大小投资者获利的需求。

但从实质上分析，这种形式与股权众筹公司并不匹配。首先，众筹成功概率下降。目前，我国公司法仅规定有限责任公司可以对投票权进行自行约定，股份有限公司则要实行严格的"一股一票"制。而有限责任公司最高人数的限制为 50 人，这也就意味着想要采取双层股权结构的股权众筹公司，投资者人数不得超过 50 人。股权众筹公司的资金募集本就依赖于众多的中小投资者，若将投资者人数限制在

50 人以下，将极大降低众筹成功的概率。其次，投资者的利益难以维护。双层股权结构顺利运行，有赖于强有力的配套制度保障。双层股权结构中公司控制者的天然优势如果没有有效的限制手段，也很可能成为侵害其他利益相关者的利剑。因此，美国制定了严格的信息披露制度和健全的诉讼制度来保障投资者的利益。如美国 2002 年颁布的《萨班斯—奥克斯利法案》中就规定了近乎苛刻的强制信息披露措施。[①] 为了保护双层股权结构中公众股东的权益，通过一系列法规[②]建立了健全的集团诉讼制度。[③] 我国在这方面并没有相关的配套制度，因此一旦股权众筹公司的创始人利用手中的控制权侵害其他股东的合法权益，股东既不可能采取"用脚投票"的方式一走了之，也不可能利用公司内部的监督机制维护自身权利，因此不得不走上艰难的维权之路。最后，创始人自身素质风险过大。股权众筹公司的创始人并不一定是合格的经营者。作为一名合格的经营者，不但要拥有创业的热情，还应具备一定的组织管理能力，所从事行业的专业知识，以及一定的人际交往能力。众筹公司在创设之初，创始人是否具有这些必备的能力还有待检验，如在此时就根据其个人的意愿将公司的控制权交付到其手中，无疑需要冒很大的风险。且在双层股权结构的治理模式下，若股权众筹公司的创始人是一名合格的经营者则无后顾之忧，但若其并不具备合格经营者的素质，要替换一个公司的实际控制者几乎是不可能的，这种创始人控制的风险将无法避免，并会给公司带来巨大损失。

（二）股权众筹公司创始人股东控制权维持的方式

1. 合伙人制度

"合伙人制度"是以马云为首的阿里巴巴集团的首创，随着阿里

[①] 如：上市公司的首席执行官（CEO）和首席财务官（CFO）在向 SEC 提交定期报告的同时必须提交其向公司作出的个人书面保证，担保定期报告中财务报表的真实性和准确性，若其中有任何失实之处则其将承担潜在的个人责任，包括民事和刑事责任。

[②] 1938 年的《联邦民事诉讼规则》、1995 年的《私人证券诉讼改革法》、1998 年的《证券诉讼统一标准法》、2005 年的《集团诉讼公平法》。

[③] 李响、陆文婷：《美国集团诉讼制度与文化》，武汉大学出版社 2005 年版，第 68 页。

筹备在香港的上市而被外界所了解，并因此引起了巨大的争议。"合伙人制度"并不是传统的双层股权结构，其是在股权稀释过程中创始人控制权维持的制度创新。根据阿里巴巴集团2014年8月的招股说明书所述，阿里巴巴合伙人既是公司的股东，又是公司的运营者、业务的建设者和文化的传承者。在阿里巴巴工作5年以上的员工有资格当选集团合伙人，新合伙人入会时，需要取得原来所有合伙人75%的同意，所有合伙人为一人一票的原则，该制度允许合伙人在上市后提名半数以上的董事，以保证对公司的控制权。[①]

阿里之所以采用"合伙人制度"来进行公司内部治理，与阿里发展过程中多次融资造成的股权结构有着密切联系。1999年，马云及其团队以50万元的创业资本成立了阿里，为了公司发展壮大的需要，阿里多次进行融资。至2010年阿里酝酿上市前夕，创始人马云的股份只有7%，副CEO蔡崇信持有3%，而日本软银持有34.7%，美国雅虎持有22.8%，员工持股约32.5%。这种股权结构对创始人及其团队极其不利，马云已经无法通过股权来掌握公司的控制权。为了维护创始人在公司的控制权，阿里创造性地设计出"合伙人制度"，该制度最大的特点在于，既不违背"同股同权"的原则，同时又赋予合伙人以董事会的控制权，从而维护了创始人及其团队的控制权，但这种制度创新在阿里上市的过程中遭遇质疑。2013年阿里准备在港交所上市，在与港交所就上市方案的沟通中提出了上市后公司核心管理者保持对公司控制的"合伙人制度"，质疑者认为这一制度实际就是"双层股权结构"的变形，其核心还是通过对董事会的控制维持创始人的控制权，有违"同股同权"的原则。港交所历来对"双层股权结构"持谨慎态度，因此最终阿里巴巴集团在香港上市的计划没有实现。一年后阿里巴巴集团成功在纽约证券交易所上市。

2. 合伙人制度对公司创始人股东控制权维持的积极作用

合伙人制度与传统的双层股权结构并不相同，其是在双层股权结构启发下结合公司发展实际的制度创新。首先，合伙人制度不同于合

[①] 李先瑞：《创始人权威、控制权配置与高科技公司治理——以阿里巴巴的控制权争夺为视角》，《会计之友》2015年第10期。

伙制度。合伙人制度中的合伙人不需要承担无限连带责任，而要成为合伙人除了需要出资成为公司的股东外，还必须满足工作年限的限制和征得其他合伙人超过75%的同意。另外，合伙人的分类也独具特色，可以分为永久合伙人、普通合伙人与荣誉合伙人三类。永久合伙人不受退休年龄的限制，可以通过选举产生也可以通过在职或退休的永久合伙人指定。荣誉合伙人则从退休的普通合伙人中选定，不享有管理权，但可享受奖金分配。可见合伙人制度中对合伙人的要求在物质上采取了较为宽松态度的同时，还强调了合伙人的人合性，这更贴合中国的传统文化和治理观念。其次，合伙人制度也不同于双层股权结构。合伙人制度并不违背"同股同权"的原则，合伙人或公司创始人手中的股票并不拥有超级投票权，而是在公司权力架构之外单独设立的具有多数董事提名权的特殊治理机构。合伙人实际并未掌握公司的管理权，只是取得了公司的人事控制权，从而有效避免了双层股权结构下权力过度集中所导致的权力滥用现象。与双层股权结构注重控制权的维持不同，合伙人制度设立的目的是维持管理团队的稳定性，从而使企业文化得以传承，控制权维持只是其利用的手段，而不是最终目的。

综上所述，合伙人制度是在"双层股权结构"基础上结合公司管理实际创新而成，对于创始人控制权的维持发挥着巨大作用。首先，合伙人制度继承了"双层股权结构"对创始人控制权维持的天然优势。合伙人制度通过赋予合伙人多数董事提名权，从而实现对公司的实际控制。同时由于合伙人制度对合伙人的股份份额并没有严格的限制，因此不必担心因为股权的稀释而失去控制权。根据合伙人的选拔条件，其具有较强的人合性，因此在市场竞争中也可以有效地避免恶意收购的发生，从而维持创始人的控制权。其次，合伙人制度对双层股权制度所产生的弊端进行了有效弥补。双层股权结构下，公司控制者往往是少数几个人，在缺乏有力的信息披露制度与内部监管制度的情况下，他们手中的控制权很可能被滥用，成为侵害中小股东利益的利剑。而合伙人制度在对控制权行使中却有着天然的优势，一方面合伙人制度中的简单多数决、除名等合伙人退出机制有利于形成一定的纠错能力；另一方面较双层股权结构下持有超级投票权的创始人或管理者的人数，合伙人团队的人数相对较多，更有利于形成集体智慧、克服个人的认知偏差，进而做出更为理性的决策。最后，合伙人制度完善了公司的文化传承。传统的双层股权结构中，一旦遭遇控制权的更替，则会对公司造成巨大的影响。因为新的控制者在公司发展理念、管理方式等方面并不一定与公司的文化传统相吻合，这种矛盾需要在实践中去调和，在这个调和的过程中公司很可能止步不前甚至面临困境。合伙人制度则不存在这一问题，所有的合伙人首先必须是公司文化的继承者与发扬者，因此，无论公司最初的创始人是否离开，其所创立的公司文化会一直延续下去。

3. 合伙人制度——股权众筹公司的最佳选择

通过前文的分析，我们发现在创始人控制权维持方法中，已有两个被证明不适合股权众筹公司，那么在"双层股权结构"基础上进行管理模式创新的合伙人制度是否适合股权众筹公司呢？本书认为，合伙人制度是我国股权众筹公司创始人控制权维持的最佳路径。

第一，合伙人制度符合股权众筹公司治理模式创新的需要。合伙人制度充分体现了"公司契约理论"。[①] 以合伙人制度在阿里巴巴的建立为例，其建立过程其实就是一系列契约的签订过程，首先，马云为首的创始人团队与公司股东就公司上市后采合伙人制度达成契约。其次，创始人团队、上市前的原始股东、阿里巴巴 IPO 时股票的认购者、阿里巴巴上市后股票的购买者四方就合伙人制度达成契约。最后，合伙人之间就入伙、退伙、合伙人委员会、合伙人的权利与义务等事宜达成契约。[②] 合伙人制度在阿里巴巴公司可以是一种模式，在其他公司也可以是另一种模式，因为在公司契约理论的指导下，公司创始人可以通过契约对经营管理模式进行个性化的约定，只要该约定

[①] 20世纪70年代，美国以芝加哥大学为中心崛起了著名的"芝加哥法学派"（即经济分析法学派）。他们主张自由放任的经济模式，反对政府干预，强调使用经济学方法分析法学问题。在公司法领域，该学派强调公司自治，减少政府监管，主张利用私法性质的契约解决公司问题，因此该理论被称为"公司契约论"。

[②] 马广奇、赵亚莉：《阿里巴巴"合伙人制度"及其创新启示》，《企业管理》2015年第2期。

得到契约相对人的同意就可以实施。这种灵活多变的管理模式正适合处于创业初期且股东人数众多的股权众筹公司。不同的股权众筹公司可以根据自身的侧重点，作出不同的制度设计。如人力资源型股权众筹公司就可以在其合伙人制度设计中加入对公司人力资源的重视，将更多的权力赋予公司所依赖的人才。

第二，合伙人制度有效实现了对众筹投资人的分类。根据合伙人的选任条件我们可以发现，合伙人制度对于合伙人的选择要求将那些只追求短期效益的投资者排除在外，只有对公司拥有管理欲望的合格投资者才有可能成为公司的合伙人。这一选任标准正好契合了股权众筹公司对投资者的分类，通过对股权众筹公司投资者投资目的的分析，可以将其分为单纯追求经济利润型与参与经营管理型两种。对于不同的投资者，于公司成立后赋予不同的股权，在"同股同权"的法律框架内，合伙人制度可以有效地将那些只追求经济利益的投资者与对公司经营管理感兴趣的投资者区分开来，从而避免因单纯追求利润型股东依仗资本多数决原则作出不利于股权众筹公司长远利益的决策。将公司的控制权维持在经营管理型股东的手中，也符合股权众筹公司的长远利益。

第三，合伙人制度避免了股权众筹公司人数众多的难题。根据传统的公司治理模式，凡是股东都拥有公司事务的表决权，人数众多的股权众筹公司如按照传统的"股东会中心主义"，要求每位股东都对公司事务行使表决权，不但不利于决策的效率，也不现实。股权众筹公司的股东可能来自全国各地甚至世界各地，要求其在规定的时间参加股东大会，对于公司和股东来说都意味着高昂的费用。如不来参加股东大会，为了保证股东大会决议的有效性，大部分股东必须将其表决权进行委托，这就会产生巨大的代理成本问题，相较于股权众筹公司股东当初的投资而言这种代理成本无疑是高昂的。而采取"董事会中心主义"的合伙人制度，股权众筹公司可以将大部分事务交由合伙人去处理，其他股东只享受收益权即可。这样做，不但大大提高了公司决策的效率，同时也降低了代理成本。

第四，合伙人制度有利于股权众筹公司内部治理优化。合伙人制度打破了传统公司治理中资本多数决原则，在合伙人内部采取"一人一票"的表决方式。这样的表决机制对于公司创始人控制权的行使可以形成有效的监督机制，有效防止了控制权的滥用。当股权众筹公司的控制者存在失职或能力欠缺的情况时，合伙人内部可以根据大多数人的意见对其进行更换，避免因控制者能力欠缺或滥用控制权而使公司发展受阻。另外因合伙人一般人数较多，在对公司重大问题进行决议的过程中，能够集思广益，避免了个人的武断专权，提高了公司决策的正确性。另外合伙人制度还对公司的文化传承具有重要意义，其从制度层面到精神层面都实现了对公司内部治理结构的优化。

当然，合伙人制度并不是完美无缺的，其在具体运行中还存在权利过度集中、监管力度不够等问题。① 且目前合伙人制度还只是个别公司的典型案例，并没有在公司领域得到推广，这种制度模式甚至与当前证券市场的一些管理制度相冲突。但不可否认的是，任何新事物的产生与发展都需要一个漫长而曲折的过程，只要合伙人制度能够切实解决股权众筹公司发展中的治理难题，其就有存在与成长的空间，相信经过实践的检验合伙人制度可以在股权众筹公司中得到推广。

二　创始人股东股权的兑现行权规定

根据我国《公司法》第 141 条②的规定，股份有限公司的创始人股东、董事、监事及高级管理人员股份的转让受到一定的时间限制。但《公司法》对有限责任公司股东的股权转让并未进行严格的限制规

---

① 金晓文：《论双层股权结构的可行性和法律边界》，《法律适用》2015 年第 7 期。
② 第 141 条："发起人持有的本公司股份，自公司成立之日起一年内不得转让。公司公开发行股份前已发行的股份，自公司股票在证券交易所上市交易之日起一年内不得转让。公司董事、监事、高级管理人员应当向公司申报所持有的本公司的股份及其变动情况，在任职期间每年转让的股份不得超过其所持本公司股份总数的百分之二十五；所持本公司股份自公司股票上市交易之日起一年内不得转让。上述人员离职后半年内，不得转让其所持有的本公司股份。公司章程可以对公司董事、监事、高级管理人员转让其所持有的本公司股份作出其他限制性规定。"

定，股东之间可以自由转让股权，只是在股东向股东以外的人转让股权时，应当经其他股东过半数同意。对于股权众筹公司而言，创始人股东对公司的发展具有决定性意义，如若其股权能够在短时间内进行转让，无疑增加了广大众筹投资者的投资风险，也增加了公司发展的不可控性。因此，在当前法律没有对有限责任公司的股权转让进行限制性规定的前提下，股权众筹公司应在公司章程中对创始人股东股权的兑现行权进行明确规定。

(一) 股权兑现行权

股权兑现行权是指持股人逐步获得其所持股份的自由转让权。其通常与"最短生效期"[①]结合使用，是初创企业用来稳定创始人团队或核心员工的重要手段。[②] 公司股权的兑现行权属于公司自治的范畴，《公司法》条文中并未进行明确的规定。对于未经兑现行权的股权公司享有回购权。也就是说，公司的创始人或核心员工如若在兑现行权期限届满以前离开公司，其手中尚未兑现行权的股权可由公司以一定的价格进行回购。已经完成兑现行权的股权可由持股股东自行处置。该做法的主要目的是防止创始人离开给公司运营的稳定性带来不利影响。

1. 股权兑现行权的依据

股权兑现行权的依据来源于对股权的限制，事实上这一限制方式在上市公司中已普遍存在，是公司进行股权激励的一种方式。现代公司都将股权激励制度当作公司治理的重要手段之一。随着2006年我国《上市公司股权激励管理办法》的正式实施，我国上市公司的股权激励范化序幕已经拉开。不同行业的商事公司在采取股权激励的模式上也有所不同，目前应用较多的股权激励方式主要有四种，分别为：①股权奖励，包括业绩股、限制性股权；②远期权益，包括股票期权或股票期股的奖励模式；③虚拟股票，以虚拟股票的形式或股票增值权的模式予以奖励；④员工参与，包括储蓄参与股票和员工持股计

---

① "最短生效期"是指持股人获得兑现行权的最短期限。若持股人于最短生效期内离开公司则由公司以象征性价格或约定价格回购其股权。

② 王才伟：《股权众筹企业股权管理制度的完善》，《现代管理科学》2016年第8期。

划。通过对公司股权激励的实际状况进行考察可以发现,股票期权激励与限制性股权激励模式的应用最为广泛。

(1) 股票期权激励机制

股票期权又称经理股票期权（executive stock option）,20世纪50年代该种激励机制在美国出现,从其概念上来分析股票期权是一种选择权,是公司为了奖励经理人而赋予其在一定时间内以一定的价格购买公司股票的选择权。[1] 随着这种激励模式的广泛应用,其适用对象的范围也在不断扩大,除了公司的高级管理人员外,一般管理人员、普通员工、外部董事等都可适用。在该激励模式下激励对象获得的是一种选择权,条件成熟后其可以选择以约定的价格购买公司股票即行权,同样激励对象也可以放弃行权。放弃行权无条件限制,但兑现行权却会受到时间与数量及激励条件的限制,并且行权需要支付一定的对价。股票期权激励机制具有以下几个特点：第一,长期性。股票期权的有效期一般为5—10年,且一般授予期权后的第一年为行权禁止期,该期限内不得主张行权。而如果权利人没有在股票期权的有效期内主张行权,则股票期权失效。第二,不确定性。作为一种期权,其本身的利益就带有不确定性,权利人是否能够获利主要看公司股票价格的变动情况,股票价格上涨且超过行权价,权利人行权出售股票可获利,但如果股票价格下跌或涨幅没有超过行权价,则权利人出售股票不会获利,其也不会在此时主张行权。第三,市场化。股票期权是一种高度市场化的激励机制,即权利人若想获取利益,必须使公司的股票价格上涨。这就督促其努力工作,不断提高工作效率,提升公司业绩,从而达到促使公司股票价格上涨的目的。这一联动性机制的实现,完全依赖于市场。第四,人身性。股票期权具有较强的人身性,被称为套在经理人员手上的"闪闪发光的金手铐"。也就是说,通常情况下股票期权带有较强的人身属性,除非期权人死亡,否则期权人不得随意转让其期权。之所以这样规定的原因在于,公司设立股票期权的目的是激励特定主体

---

[1] 颜延、张文贤：《我国推行股票期权制度的法律问题》,《中国法学》2001年第3期。

积极为公司做出贡献，如允许期权的自由转让则起不到应有的激励作用。

（2）限制性股票激励机制

限制性股票从其字面意义上来看即该股权受到一定条件的限制，这种限制条件通常是公司为股票持有人设置的业绩目标。起初公司将一定数量的股票无偿赠与或低价转让给激励对象，激励对象只有在完成公司设立的目标后，才能真正享有该股票权利。一旦公司预定的目标没有实现，则公司有权将赠与的股票收回或以原价进行回购。限制性股票激励机制在公司治理中发挥着重大作用，它可以有效克服内部人控制失控的问题，减少公司管理者因行为异化引发的道德风险，提高公司的核心竞争力，使公司的治理机制更加规范。限制性股票激励机制具有以下特点：第一，限制性。限制性股通常受到两个条件的限制：约定的业绩指标和较长的锁定期，若激励对象达到约定的业绩指标即可以获得相应的股票，但该股票存在锁定期，在锁定期内股票不得进行转让，限制性股票是分批进行解锁的，且若激励对象在限制性股票锁定期限内离开公司，其未行权的获赠股票将被没收。[①] 这一特点使得其将公司管理者的切身利益与公司紧密联系在一起，有利于管理层的稳定。第二，利益的可估性。限制性股票对激励对象的奖惩可估，根据解锁条件是否满足来确定，满足则奖，不满足则罚。[②] 公司股价的涨跌直接影响激励对象的利益，限制性股票解锁后与普通股票并无区别，激励对象此时获得的就是该股票所代表的一切股东权益，该利益切实可期，具体且可操作。第三，风险较低。与股票期权相比，限制性股票的风险性更低。对于激励对象而言，只要满足了约定的业绩和解锁期的限制，其就能够以低于市场价甚至是无偿地获得公司股份，且只要公司的股价没有跌破公司成本的承受范围，激励对象手中的股票就是有价值的。

---

① 杨华、陈晓升：《上市公司股权激励理论、法规与实务》，中国经济出版社2008年版，第71页。

② 李曜：《股票期权与限制性股票股权激励方式的比较研究》，《经济管理》2008年第11期。

2. 股权兑现行权规定的特点

股权兑现行权在形式上与限制性股票激励机制类似，其也是通过设立一定的条件逐步获得股权的自由转让权，以此来实现收益。可以说股权众筹公司通过协议对创始人股东股权的兑现行权进行约定，也属于股权激励的一种方式，但这种股权激励的目的更多的是保障公司管理层的稳定，维护股权众筹投资者的利益。通过股东兑现行权协议将创始人股东在一个较长的时期内与股权众筹公司紧紧联系在一起。

事实上，股权众筹公司的股权兑现行权与上市公司的限制性股票激励机制又存在本质的区别。首先，股权来源不同。股权众筹公司创始人股东的股权来自其出资，在公司设立时该股权就已经属于该创始人。限制性股票激励机制中激励对象最初获得的只是一种期待权，只有符合一定条件后该期待权得以实现，激励对象才能够被赠与或以约定的价格购买公司股票。其次，股权性质不同。股权众筹公司创始人股东的股权在没有兑现行权前并非不存在，而仅仅是被限制了转让权，其他权利并不受限制。限制性股票激励机制中的股票在未被授予激励对象前，激励对象不享有与该股权相关的任何权利。最后，可重复性不同。股权众筹公司创始人股东的股权一旦全部兑现行权，则代表该股东退出股权众筹公司，与该公司的股权兑现行权协议宣告终止，这种股权兑现行权是一次性的、不可逆的。限制性股票激励机制则是可重复的，当一次限制性股票激励机制完成或取消终止后，公司还可以制定下一个限制性股票激励机制，以此来保障激励对象长久的工作积极性。同样在不断重复的激励过程中激励对象的收益也不断增长。①

综上所述，我们可以将股权众筹公司创始人股东股权兑现行权规定的特点概括如下：

（1）股权兑现行权规定是对已有股权的限制

股权众筹公司的创始人股东因出资设立该公司而获得应有的股权。该股权包括诸如知情权、参与权、投票权、收益权等。但股权众

---

① 徐振斌：《期权激励与公司长期绩效通论》，中国劳动社会保障出版社 2003 年版，第 48 页。

筹公司如若在章程中对创始人股东的股权兑现行权进行了特殊规定，则在一定的条件未达成或期限未届满前，创始人股东的股权无法进行自由转让，而其他的一切权利行使并不受影响。

（2）股权兑现行权规定带有人身性

之所以对创始人股东的股权兑现行权进行特殊规定，是为了保证股权众筹公司的顺利发展，维护广大众筹投资者的利益，将风险降到最低。因创始人对股权众筹公司的发展起到决定性作用，因此，股权兑现行权也就具有了明确的人身属性，其只针对创始人股东的股权进行限制。通过限制其股权转让的方式来稳定管理层，更大限度地激发创始人股东的工作积极性。

（3）股权兑现行权规定带有选择性

创始人股东股权的兑现行权规定并非为法律法规强制性规定，而是由公司自治决定。股权众筹公司可以在章程中约定创始人股东的股权兑现行权，也可以不进行约定，但就公司的长远发展和降低公司股东风险来看，有必要对创始人股东的股权兑现行权进行规定。当然，股权兑现行权的条件也由公司自行决定。

（二）股权兑现行权规定的意义

创始人股东股权兑现行权是否在公司章程中进行明确规定，属于公司自治的范畴，法律无法进行强制性规定。但从股权众筹公司的实际特点来分析，对创始人股东的股权兑现行权进行规定具有如下积极作用：

第一，对股东权利的影响较小。创始人股东股权的兑现行权规定限制的只是创始人手中股权的自由转让权，其并不影响股东的投票权、知情权、收益权等合法权利的行使。且与一般的限制性股票激励制度不同，创始人股东自始至终都真实拥有其股权的所有权。由此可见，通过对创始人股东股权兑现行权进行规定可以在最小限度限制股东权利的基础上，将创始人股东与公司紧密结合在一起。

第二，维护了创始团队的稳定。根据股权众筹公司的特点和现实的发展状况来看，创始团队的稳定是股权众筹公司取得成功的一个必备条件。公司对创始人股东股权兑现行权进行规定的目的就是将创始人股东的利益与公司利益紧紧联系在一起，使创始人在一个较长的时间段内必须与公司共同进退，而不是在公司经营遇到困难时轻易地选择放弃，从而维护了股权众筹公司创始人团队的稳定性。

第三，为创始人提供了合理的退出途径。任何公司的股东都不可能是一成不变的，即使是公司的创始人也有退出公司的现实需要，这就需要公司具有一个完善合理的股东退出机制。但现实中，股权众筹公司股东的合理退出途径缺失已经成为制约股权众筹公司发展的一大弊病。而通过对股权众筹公司创始人股东的股权兑现行权进行规定，是在公司创业之初就在创始人之间达成的合意，不但可以有效地解决创始人股权的流转问题，为创始人股东退出公司提供了合理的途径，而且可以有效地避免股权纠纷的发生。

第四，有利于后期融资。股权众筹公司在发展的过程中不可避免地会遇到需要进行后续融资的问题。根据对融资市场的分析可知，大部分 PE 与 VC 在作出投资决定时十分重视创始人对于公司的投入与付出。若股权众筹公司没有对创始人股东的股权兑现行权进行规定，则 PE 与 VC 很可能因担心创始人的退出而不敢对公司进行投资。相反若股权众筹公司对创始人的股权兑现行权进行了规定，则 PC 与 VE 会认为创始人与公司利益高度一致且存在足够动力激励其勤勉尽责，这样的公司更具发展潜力，更值得投资。

（三）股权兑现行权的条件与方式

基于公司自治理论，股权众筹公司创始人股东的股权兑现行权条件与方式都应由公司内部协商确定。已有的股权兑现行权条件与方式大多来源于上市公司，虽具有一定的参考价值，但并不能够直接适用于股权众筹公司。因创始人股东的股权兑现行权条件与方式的设计是否科学合理将直接影响到公司的业绩，及创始人对公司的热情，因此股权众筹公司应在借鉴已有的行权条件与方式的基础上，设计自身独特的行权条件与方式。

1. 股权兑现行权的条件

（1）最短生效期

最短生效期是指持股人获得兑现行权的最短期限。若持股人于最短生效期内离开公司则由公司以象征性价格或约定价格回购其股权。①最短生效期是对公司的保护措施，是为了防止创始人在设立公司后很短的期限内离开公司，而给公司和其他股东造成不必要的损害。假设股权众筹公司创始人股东甲持有该公司股份一万股，则若甲于股权兑现行权的最短生效期内离开公司，则甲不能自由转让其持有的全部股份而只能由公司以象征性价格或约定价格回购甲的一万股股份并将这些股份注销。可想而知创始人甲的离开会给创业阶段的股权众筹公司带来重大打击，同时甲个人也承担了巨大的经济损失。为了避免这种两败俱伤的情况发生，股权众筹公司应设计合理的最短生效期，根据公司发展的情况，可将最短生效期设置在1—2年。

（2）时间条件

根据对上市公司股权激励制度的行权条件的分析可知，创业板股权激励草案中公告的有效期分布在3—10年的范围内，其中有效期在4—5年的居多。从国外股权激励期限的经验来看，我国有效期的时间设置较短，日本的股权激励有效期为5—10年，美国更是通常都是10年。我国目前创业板上市公司股权激励方案中有效期的时间普遍较短，不得不使我们对其长效激励效果产生怀疑。之所以会出现这种情况主要有两方面的原因：第一，创业板企业多为成长型企业，其未来发展情况具有不可预估性。第二，较长期限的股权激励意味着承担更大的公司成长风险，无法吸引有能力的高管，因此失去了现实意义。股权众筹公司与创业板上市公司都属于成长型企业，且相对创业板上市公司而言其风险性更大，因此较长的股权兑现行权时间条件对创始人而言不但起不到积极作用，反而会使其背上沉重的包袱，因此应考虑将时间限制条件设定在5年左右。

（3）业绩条件

公司的业绩可以说最能代表创始人的成就，且在公司业绩良好的情况下，创始人一般也不会选择退出公司，这也达到了稳定公司管理层的目的。但公司业绩是一个抽象的概念，如何将其具体量化是一个

---

① 王才伟：《股权众筹企业股权管理制度的完善》，《现代管理科学》2016年第8期。

问题。通过对我国公司现状的分析可知，传统的业绩评价指标主要局限在以利润和资产增长为标准的财务指标。随着现代公司管理控制要求的不断提高，传统的以财务指标为核心的业绩评价指标体系已经无法满足现代公司的需求。必须重新构建一种业绩评价体系，该体系应将公司的关键业绩指标与战略规划过程紧密结合，将实现公司价值最大化和提升核心竞争力作为追求目标，并全面结合公司的发展前景来制定。在对股权众筹公司创始人股东的兑现行权业绩条件进行设置时，除了设计较为合理的财务指标外，还可以加入非财务指标如对公司治理状况、公司发展潜力、公司创新能力的评估，以此来全方位对创始人股东的业绩进行考核。

2. 股权兑现行权的方式

创始人股东的股权兑现行权可以一次性完成，也可以多次完成，这主要取决于创始人在公司设立时的约定。一次性兑现行权是指当创始人股东满足一定条件时，可以一次性地获得全部股权的自由转让权。这种方式在实施过程中较为简单，只是在条件设计上需要慎重考虑，既要起到稳定管理层的作用，又不能给其造成过大的压力。但其也存在不足之处，因其为一次性兑现行权，条件的设计就更加严格，因此通常周期较长，对于创始人来说缺乏一定的灵活性。多次兑现行权是指在整个股权兑现行权期限内，设置不同的条件（可以是时间条件、业绩条件，两者可以单独适用也可以合并适用）。当某一条件满足时，创始人就获得一部分股权的自由转让权，直至兑现行权期限届满，创始人获得全部股权的自由转让权。为了更好地理解这一方式，下面举一个简单的例子。某股权众筹公司与创始人甲约定了四年的兑现行权期，其中第一年为最短有效期，其余三年逐月兑现行权。假设甲持有该公司一万股股份，在公司设立一年半后，甲提出离开公司，此时其已兑现行权的股份为其持有股份的 37.5%，分别为第一年股权兑现行权了其持股的 25%，加上另外半年兑现行权的其所持股份的 12.5%（后三年中每月兑现所持股份的 2.08%×6）。该方式虽在操作中较为复杂，但具有较强的灵活性，条件的设计可以根据公司的发展情况进行适当的调整，创始人也可以在逐步获得兑现行权的过程中体会到自我价值的实现。

三 创始人股东间权力的合理配置

(一) 权力配置的法理依据

公司权力是指公司管理本身内部各项事务和对外从事经济活动的权力。其以公司财产作为物质基础，包括公司的决策权、经营管理权、监督权，体现的是公司的整体利益。① 公司治理是公司法研究中的主旋律，而权力配置就是公司治理中永恒的主题，公司治理理念的不同会导致权力配置模式的差异。② 但无论权力配置采用哪种模式，都离不开以下法理依据。

1. 契约理论

契约理论在商事法律中的应用极为广泛，在公司权力配置的过程中也体现了这一理论。首先，公司本身就是一系列契约的集合。在现代公司制度的背景下，所有权与经营权分离的常态化使得契约的存在成为必然。随后，所有权人通过契约将公司的经营管理权赋予管理者，管理者依契约约定来行使管理职权。但在股权极度分散的股权众筹公司中，由于管理者个人私利的影响，其更加注重的是个人利益而非普通股东集体利益，为了保障普通股东的合法权益，公司可以制定一种契约用以约束管理者。在契约理论的指导下，公司的管理者与所有者将利益融合在一起，最终实现公司内部权力各尽其用。

2. 制衡理论

公司实际运行中，不同的权力诉求决定了公司内部权力的分离，权力的分离也就必然产生各种不同权力的博弈。制衡理论就是通过协

---

① 刘根、杨秋林：《试论股份公司的权力配置》，《企业经济》2004年第6期。
② 在诸多权力配置模式中最有代表性的是效率模式、权力模式和宪法模式。效率模式又称为经济契约模式，股东中心说、董事会中心说和企业家中心说是其代表。权力模式强调的是"大型公司决策的政治属性"，将公司看作"拥有对公司控制权产生影响的内部结构和程序的有机机构"。公司宪法模式是权力模式的一种体现，旨在为公司的法律模式和公司监管提供新的思路，力求将公司治理关注的重点从实体法改革转移到现有规则的基本假设和实施现有规则的公司结构和程序上来。公司宪法模式不是为了取代已有的经济契约范式，而是提供一种补充分析框架和方法，将政治问题纳入考虑之中。

调公司各权力之间的力量对比，使其达到一个相对平稳的状态，从而实现公司的有效治理。公司权力的合理优化配置是公司内部权力制衡的需要，权力间的制约性能够更好地促进权力有效地行使。除了公司内部的权力制衡外，法律法规、政府规章、市场经济秩序等外部力量也能够影响公司的治理。外部力量对公司权力的制约作用主要体现为监督管理职能，通过有力的监管来保障公司内部权力的有序运行。

3. 激励相容理论

激励相容理论是公司治理中将个人利益与公司利益结合的基础。公司管理者作为自然人必然具有自私的一面，如何才能保证其能够尽职尽责地履行职责，合理地使用手中的权力，这就需要设计一个制度，为了避免管理者自私自利行为的产生，必须将其个人利益与公司利益结合为一个整体。公司对管理者实施激励政策，就是进行利益捆绑整合的一种有效方式。通过经营者激励政策将经营者个人的利益与公司的利益紧密地连接在了一起，经营者想要获取更多的利益必须依赖于其为公司做出更多的贡献，如此一来经营者的积极性就得到了充分的发掘，公司治理效率也能够有效地提高。

4. 利益相关者理论

公司的利益相关者通常包括公司股东、员工、高级管理者、公司债权人等。以利益相关者理论来看，公司的利益与公司利益相关者的利益紧密相连，甚至可以说正是这些利益相关者决定了公司的生死存亡。公司要想发展壮大必须寻求利益相关者整体利益的最大化。在公司治理领域，公司利益相关者共同治理已经成为一个必然趋势，利益相关者不再是公司治理的局外人，而是公司治理的参与者，为了实现利益的最大化，其必须融入公司治理，使公司实现健康稳定的发展。因此在公司权力配置的过程中，也应考虑这些利益相关者的权益。

（二）创始人股东权力配置

公司作为一个具有独立人格的法人组织，其内部的权力体系也极为复杂。公司的运作就是这一权力体系的运行过程，各种权力在不断制约与平衡中实现利益的最大化。通常情况下，我们可以根据公司权力的特质将其划分为人事权、财权和信息权三种。其中又以财权最为重要，因为在公司这个经济组织中，财权是形成其他一切权力的基础。这里所说的"财权"是指能够体现在资金运动和财产上的各种权力，① 而创始人取得这一财权的基础就是其股权。

1. 创始人股东权力配置的基础——股权

在股权众筹公司的运营中，创始人股东股权的合理分配是一个重要问题。虽然通过一定的控制权维持手段可以实现创始人股东在股权稀释的情况下仍保有对公司的控制权，却无法避免创始人内部因利益冲突导致的股权纠纷，这也成为股权众筹公司成长过程中的一大障碍。为了最大限度地避免这种纠纷的发生，应对股权众筹公司创始人股东的股权进行合理管理。首先，合理配置股权。股权众筹公司的创始人股东为了保障其在公司的控制权，通常会预留足够的股权，但就创始人之间股权的配置却极易被忽略。从实践经验来看，过于平均和过于集中的股权分配都不利于公司的发展。创始人之间股权的过于平均容易导致决策的低效率，而过于集中则容易导致权力的滥用。因此创始人股东间股权的合理配置应采取集中与分散相结合的方式。其分配原则为，以出资为依据，以能力为考量，以权力制衡为目的。其次，畅通退出途径。随着公司的发展，特别是股权众筹公司一旦取得成功，其所带来的巨大利益极易引发创始人之间的冲突。当创始人股东间因利益冲突产生纠纷时，最为有效的解决途径就是促使冲突一方退出公司。这就需要股权众筹公司具有畅通的退出途径，前文所述的创始人兑现行权制度就是创始人股东退出的方式之一。当然在股权众筹公司中还存在其他的退出方式，第四章会专门进行论述，在此就不再赘述。

2. 创始人股东权力配置体系

创始人股东的权力来源于其股权，表现为对公司人、财、物的支配权。在传统的公司治理中，股东完全根据股权分配权力。权力制约理论中将公司权力进行了三分：股权、经营权与监督权。但事实上，经营权与监督权的存在是为了更好地保证股权价值的实现，其为股权

---

① 李连华：《股权配置中心论：完善公司治理结构的新思路》，《会计研究》2002年第10期。

实现创造条件。在公司的实际经营中就出现了股东的"同质化"。然而事实上，因创始人股东资产的不同，能力的不同，及内部权力监督的需要，应尽量避免股东的"同质化"，"异质化"的权力配置体系更能激发股东潜能。

(1) 创始人股东的"同质化"

创始人股东的"同质化"是指创始人股东在资本、能力、目标、利益追求上的一致。这种"同质化"对公司而言具有一定的现实意义，第一，可以减少因监控而发生的代理成本支出。[1] 第二，能够统一公司奋斗目标。第三，能够解决民主过程中难以解决的个人利益冲突和效用减弱的问题。[2] 创始人股东的"同质化"在一定程度上能够促进公司内部合一的达成，对于提高公司决策效率起到一定的积极效用，但其也存在不可避免的缺陷。首先，多数资本容易操控公司，使公司丧失独立意志。其次，会出现股东之间形式平等与实质平等的背离。最后，资本多数决原则易被大股东所滥用。[3]

(2) 创始人股东的"异质化"

同样作为股权投资者，其目的却并非一致。有些投资者希望其投资能够以较少的风险获取一定比例的收益即可，而有些投资者则不满足于获得固定收益，其希望能够通过一定的风险投资获得更大的收益。对投资者的这一不同利益需求，伯利教授早在1926年就进行了详细的分析。[4] 就股权众筹公司的创始人股东来说，"异质化"更有益于公司的发展。根据股权众筹公司的现实发展需要，创始人中应存在资本型股东、资源型股东，管理型股东，技术型股东。各股东所具有的能力不同，完全以股权为依据来进行权力配置显然已经不能满足

---

[1] Robert H. Sitkoff, "Corprate Political Speech: Political Extortion and the Competition for Corporate Charters", *University of Cincinnati Law Review*, Vol. 69, 2002, p. 1121.

[2] Grant M. Hayden, "The False Promise of One Person, One Vote", *Michigan Law Review*, Vol. 102, 2003, pp. 236-247.

[3] 汪青松、赵万一：《股份公司内部权力配置的结构性变革——以股东"同质化"假定到"异质化"现实的演进为视角》，《现代法学》2011年第5期。

[4] Adolph A. Berle, "Non-voting Stock and Bankers' Control", *Harvard Law Review*, Vol. 39, 1926, p. 673.

现实的需要，从而导致股权众筹公司的股权权能与股权本身不断分离。与其他的财产权相互融合。在创始人股东"异质化"背景下，创始人之间的权力配置反而更加清晰。首先，股权的经济性权能与参与性权能分离。在公司决策层中放弃资本多数决，而采用人数简单多数决。如前文所述的合伙人制度中，合伙人内部的决议方式。其次，经营权的专业化。在创始人股东中，具有公司经营管理经验的人可以获得公司的经营权。同时为了使其经营决策更具科学合理性，股权众筹公司还应丰富其董事会构成，为掌握经营权的股东提供可靠的支持和有效的监督。最后，监督权的独立。为更好地保证创始人股东权力的合理使用，创始人内部可以选派代表专门行使监督权，这在股东"异质化"的情况下完全可以实现。同时公司也应加强对监事会及独立董事的职能配置，保障公司权力在合理有效的监督下运行。

第二节　众筹股东的持股方式选择

在股权众筹过程中，因我国法律对公众公司人数的限制性规定，及股权众筹本身参与门槛较低，投资者缺乏投资经验等原因，实践中股权众筹多采取的是"领投+跟投"的模式。在这种运作模式下众筹股东通常不会直接持股，而是采取股权代持或有限合伙方式间接持股。众筹股东持股方式的不同给股权众筹公司的治理也带来了不同的问题，如何在不同的持股方式中确定股东身份，保证众筹股东的合法权益，减少纠纷成为股权众筹公司治理中必然面临的一个难题。

一　股权代持

股权代持通常是指实际出资人出于一定的目的不愿意或不能够履行股东权利义务时，由他人代其行使股东的权利或履行股东的义务。也就是实际投资人将其股权所代表的利益交由他人代为行使，并在公司登记公示材料中将该股权登记于该人名下的一种股权结构处置方式。因为实际出资人并未在公司登记材料中予以体现因此也被称为隐名投资或隐名出资，实际出资人为隐名股东，股权代持人被称为显名股东。股权代持作为公司的一种股权结构状态其具有一定的积极效用，通常情况下显名股东与隐名股东会通过协议的方式对权利义务进行明确的约定。股权代持作为公司治理现实中的一个普遍现象，直接影响到公司治理的稳定性，但目前我国立法与司法领域对股权代持的重视程度明显不够。虽然《最高人民法院关于适用〈中华人民共和国公司法〉若干问题的规定（三）》中对于实际出资人与名义出资人的权利义务作了规范，并对实际出资人的股东资格确认、擅自处分名义下的股权等问题作出界定，但实践中却仍然难以对其进行把握，导致司法裁判标准难以统一。学界作为立法的引导者，在对待股权代持行为时也存在诸多分歧，不同的学者对股权代持行为的规范效力及权利归属的认定有不同的观点，在无法统一认识的情况下，隐名股东的维权之路更加艰难。

　　股权代持形成的原因有许多，有的是为了规避法律，有的是股东或公司发展的现实需要。其存在具有一定的合理性，首先，其符合私法自治的精神。梁慧星教授就认为"民事主体所为的任何民事行为均受控于当事人自己的意思而不受国家和他人随意干预则是为私法自治之内涵"①。股权众筹公司的股权代持作为商事主体之间的商行为，不应受到任何外界力量的干预，属于私法自治的范畴。其次，法无禁止。我国法律并未明确禁止股权代持，反而是以司法解释的方式对其进行了有条件的认可，为股权代持的存在与发展提供了空间。最后，其符合经济学常识。经济学上认为股权为产权的一种，产权具有可分解性与可交易性，② 股权代持行为就被认为是一种交易基础上的产权分解行为，其分解与交易的目的是促进市场和企业的发展。公司治理机制本身的设计就体现为利益与责任相分割。③ 在经济理性的指导下，股权代持中股权的分解也是一种利益与责任的分割，只要这种分割不损害第三人和社会公共利益，其就应该是合理的、有效的。

---

① 梁慧星主编《民商法论丛》（第 2 卷），法律出版社 1997 年版，第 12 页。
② 曹玉贵：《企业产权交易定价研究》，经济管理出版社 2011 年版，第 120 页。
③ 沈乐平：《公司治理结构的法律透析》，《经济问题》2003 年第 1 期。

(一) 众筹股东股权代持的形式

根据有关学者的研究及现实的经验总结，从出资者采取股权代持的主观意志来对其进行分类，可以将其分为被动的股权代持和主动的股权代持两种类型。被动的股权代持是指出资者迫于法律法规的强制性规定不得已选择股权代持方式。被动的股权代持因合法目的与非法目的不同而产生不同的效力，若股权代持是为了规避法律法规的禁止性规定如对股东身份的限制条件，[①]逃避内幕交易的监管等非法目的则该股权代持无效；若股权代持是为了规避法律法规的限制性规定，则在不损害第三人利益的情况下，股权代持有效。主动的股权代持是指在没有外界条件强制的情况下出资者自愿选择股权代持方式，有的出资者出于保护个人隐私的需要或囿于自身专业和个人经验的限制自愿将股权交由他人代持，这种情况下的股权代持为合法有效。对于基于非法目的的股权代持股权众筹公司应严格禁止，在此就不再赘述。

股权众筹公司存在两种可能的股权代持形式：第一，因有限责任公司股东人数限制而不得已选择股权代持。在没有任何豁免条款的情况下，我国有限责任公司的股东人数不得超过50人，但在股权众筹公司的实际操作中极易超过这个人数限制，因此股权代持成为其规避法律限制性规定的有效方式。第二，众筹投资者出于自身能力限制自愿选择股权代持。股权众筹作为一种低门槛的大众投资方式，很多投资者并不具备参与公司经营管理的能力和条件，如强行要求其参与公司管理很可能会给公司决策带来不必要的麻烦。但这些投资者也享有追求利益的权利，为了保证其能够顺利实现利益的最大化，与有经验的管理者签订股权代持协议成为最佳选择。

(二) 众筹股东股权代持的性质

众筹股东股权代持的性质应如何界定主要依据代持协议的内容确定。在实践中，股权代持的性质可能是代理，可能是信托，也可能是合作关系，不同的性质其权利义务的内容也有所不同。众筹股东股权代持若定性为代理，则股权代持协议为股权众筹投资者与代持股东签

[①] 《公务员法》明确禁止公务员从事或者参与营利性活动，在企业或者其他营利性组织兼任职务。

订的委托代理合同，代持股东应以股权众筹投资者的名义行使股东权，其法律效果由股权众筹投资者承担。股权众筹公司的股权代持与普通的股权代持存在最明显的区别就是代持人同时代持众多众筹投资者的股权，其很难同时代表众人的意志，股权众筹投资者也无法对代持人的行为负责，因此股权众筹公司的股权代持不应定性为代理。众筹股东股权代持若定性为信托，根据信托的定义"委托人基于对受托人的信任，将其财产委托给受托人，由受托人按委托的意愿以自己的名义，为受托人的利益或者特定目的，进行管理或者处分的行为"，从形式上看股权代持协议与信托极为吻合，且根据《信托法》的规定，股权代持人负有忠实义务，有效避免了代持人的道德风险。信托财产的独立性也有效避免了代持股权与代持人个人财产的混同，有效保护了众筹投资者的合法权益。但实践中，信托模式的救济方式狭窄，不利于众筹投资者维权，一旦代持人违反协议，众筹投资者只能解除代持协议，但不能当然地获得应有股权，其股权的获得还需一定的法律转让程序，因此在股权众筹公司中股权代持协议也不宜被定性为信托。众筹股东股权代持协议应定性为合作关系。股权众筹投资者与股权代持人双方对出资方式、代持义务、收益分配、违约责任等事项作出安排，根据该安排股权代持人行使股东权利。因股权众筹公司的股权代持人本身也是公司股东，因此其与股权众筹投资者利益上具有一致性，为了实现双方利益的最大化，从公司管理到公司决策的执行都较易达成共同意见。

（三）众筹股东股权代持的风险及应对

股权代持虽然在现实中解决了法律法规对股权众筹公司的限制性规定，但其也存在一定的风险。首先，股权代持协议无效的风险。股权众筹公司采取股权代持形式如是为了规避法律对股东人数的限制规定，根据《合同法》的相关规定则很可能会被认定为以合法形式掩盖非法目的或规避法律行政法规的强制性规定，而被认定为无效。其次，众筹投资者承担的风险。众筹投资者作为股权众筹公司的隐名股东，其利益的实现很大程度上依赖于名义股东的诚信度和忠实度，一旦名义股东的行为损害了隐名股东的权益，隐名股东维权之路极其艰难。如名义股东的债权人对其所代持的股份申请强制执行,则隐名股东不得以股权代持为由提出异议。① 最后,显名股东承担的风险。当众筹投资者的出资不到位,或存在出资瑕疵的时候,代持协议作为一种内部协议,其对外无法对抗善意第三人,此时的出资义务就应当由显名股东来承担。

为了尽可能地规避股权代持给众筹投资者所带来的风险,应尽可能地规范股权众筹公司的股权代持行为。首先,规范股权代持协议。股权代持协议是实际出资人与名义股东在意思自治基础上就股权代持事项所达成的协议。该协议以股权代持合意为前提,有明确权利义务的要是合同。② 其次,规范股权代持的公示方式。股权代持具有一定的隐蔽性,如代持协议双方不主动对外进行公示则很难被外界所知晓。为了更好地保护股权众筹投资者的利益,其应及时将股权代持协议的内容对外公示,以方便公司根据代持协议的内容进行股东权利分配。

综上所述,股权众筹公司在实际运作中可以采取股权代持的方式规避法律上的限制,众筹投资者也可以采取股权代持来追求利益的最大化。股权众筹投资者与股权代持人本着合作的精神达成股权代持协议,协议中应尽可能地详尽列举双方的权利义务,违约责任的承担等问题。与此同时,为了尽可能地减少公司运营中的风险,采取股权代持的投资者应将其股权代持协议在公司内部进行公示,以明确股权众筹股东的权利与义务。

二 有限合伙

有限合伙在不同国家规定略有不同。英美法中的有限合伙包括以合伙形式存在的有限合伙以及两合公司,美国《统一有限合伙法》规定:"有限合伙是指在按照某一州的法律由两个或者两个以上的人组

---

① 王小莉:《公司治理视野下股权代持之若干法律问题》(上),《仲裁研究》2015年第3期。
② 叶明:《试论有限责任公司股权代持的效力与规范运作》,《宁波大学学报》(人文科学版)2017年第1期。

成的合伙,其中包括一个或者一个以上的普通合伙人和一个或者一个以上的有限合伙人。"大陆法系中,《法国民法典》中没有明确规定有限合伙,只是对隐名合伙进行了规定。《德国民法典》明确规定了有限合伙作为商事主体的独立地位,根据《德国商法典》第171条和第172条的规定:"有限合伙是为了在某一商号的名义下从事商事营业而建立的一种商事合伙。有限合伙中包括两种合伙人,即至少一个无限责任合伙人和一个有限责任合伙人,有限责任合伙人在其出资的范围内对合伙的债权人承担责任。"① 我国在2006年修订的《合伙企业法》中也明确规定了有限合伙的合法地位。根据我国法律的规定,有限合伙由两个以上50个以下的合伙人组成,其中至少应当有一个普通合伙人。

基于有限合伙在责任分担及风险承担上的优势,其在我国私募股权基金领域应用极为广泛。在有限合伙型私募股权基金中,有限合伙人并不介入企业的日常管理,仅仅享有获取约定收益的权利,其责任风险也较小,仅以其出资额为限承担有限责任。普通合伙人对外代表合伙企业,负责企业的日常管理,并对企业的债务承担无限连带责任。这样的责任架构有效地平衡了有限合伙企业各方的权利与义务,满足了不同投资者的需求。② 随着股权众筹的发展,有限合伙在股权众筹中的作用也逐渐发挥,据分析在目前上线的股权众筹项目中有近80%选择了有限合伙模式。

(一)股权众筹公司中的有限合伙

由于股权众筹投资人数众多,为了便于操作,降低交易成本,通常采取由众筹投资者组成一个或几个有限合伙组织的方式入股公司。在股权众筹完成后,由具有投资经验和投资能力的投资机构或个人(领投人)作为普通合伙人,其他众筹投资者作为有限合伙人,成立合伙企业。再由该合伙企业作为直接投资主体对股权众筹公司进行投资。但需要注意的是因合伙企业人数不得超过50人,因此在组建合

---

① 江平、曹冬岩:《论有限合伙》,《中国法学》2000年第4期。
② 吴永刚、李建伟:《有限合伙型私募股权投资基金内部治理的异化和重构》,《证券市场导报》2013年第6期。

伙企业时要对众筹投资者人数进行准确统计，可根据实际情况组建多个合伙企业。

在该运作模式下，股权众筹公司的股权由有限合伙企业直接持有，众筹投资者不享有股权，其仅根据有限合伙企业的约定获得相应的收益。有限合伙企业中的普通合伙人通常也就是股权众筹的领投人代表有限合伙企业行使股权。为了鼓励领投者参与股权众筹公司的治理，提高领投人的积极性，应采取一种合理的激励机制，该激励机制主要有两类：一类是由股权众筹公司给予领投人更为优惠的投资价格或一定的股份；另一类是由股权众筹投资者给予领投人一定比例的投资收益，比如合伙体投资收益的10%—20%归领投人所有。

（二）有限合伙的优势

有限合伙模式之所以在股权众筹公司中有如此广泛的应用，主要是因为其具有以下优势：

第一，规避人数限制。股权众筹公司在我国法律体制下最大的障碍就是《公司法》中对有限责任公司股东人数的限制性规定。以有限合伙企业的名义入股股权众筹公司可以有效地避免股东人数突破上限，同时可以最大限度扩大投资者的范围。根据股权众筹普惠性的特点，考虑到其投资者主要为没有专业投资经验的普通大众，为了降低每个投资者的投资风险，股权众筹通常都对众筹投资者的投资额度进行了限制。同等条件下，股权众筹项目能够吸引到的众筹投资者越多，其筹资成功的可能性就越大，因此采取有限合伙形式在规避公司法对股东人数限制规定的同时，可以最大限度地吸引众筹投资者，有利于股权众筹公司的成功设立。

第二，责任划分明确。以有限合伙企业的名义入股股权众筹公司对众筹投资者来说是一种保护措施。作为有限合伙人的股权众筹投资者不直接享有股权众筹公司的股权，同时也不需要承担公司经营的风险，当公司出现资不抵债情况时，处于有限合伙企业保护下的众筹投资者只需要以其出资额为限承担责任。但作为普通合伙人的领投人则需要代表有限合伙企业参与股权众筹公司的经营与管理，对经营中出现的风险承担责任。因为有限合伙企业入股的是有限责任公司，因此其责任的承担以有限责任公司的出资额为限而不是承担无限责任，至于在合伙企业内部责任如何承担则主要依据最初的合伙协议来确定。

第三，形式灵活多样。虽然很多国家法律对有限合伙的模式都进行了明文规定，我国也不例外，但从《合伙企业法》的规定来看，合伙企业设立的基础是合伙协议，除个别内容由法律强制规定外，大部分合伙企业内部事务由合伙人自由约定，并体现在合伙协议之中。这种灵活安排方式对于股权众筹公司的广大众筹投资者来说最为合适，不同的投资者可以根据不同的意愿来安排是否参与合伙事务。甚至可以对收益的分配，责任的承担进行约定。这种有限合伙形式最大限度地降低了众筹投资者投资的风险，同时也满足了其多样性的要求。

（三）有限合伙的问题及解决

有限合伙是合伙制度发展到一定阶段的产物，其在我国诞生的时间并不长，各项相关制度还存在不健全与不完善的地方。另外此处的有限合伙只是作为投资者与股权众筹公司的中间媒介，其在股权众筹公司的治理中能够发挥一定的作用，但前提是解决好以下几个现实问题。

1. 众筹投资者权益保障

众筹投资者与领投人通过签订合伙协议，以有限合伙的方式入股股权众筹公司。此时的众筹投资者在公司法上来看并不具备股东资格，其只能称得上是该合伙企业的合伙人。真正享有股权众筹公司股东身份的是有限合伙企业，代表有限合伙企业的又是领投人。这种权利架构极易造成众筹投资者的合法权益受损，且一旦需要维权，其也只能在合伙企业内部解决。为了尽可能地避免众筹投资者权益受损情况的发生，在合伙企业设立时众筹投资者与领投人必须就双方的权利义务进行明确的规定，并对权利受到侵害后的救济方式进行明确约定，以避免因该纠纷影响到股权众筹公司的正常运转。

2. 规避法律的局限性

众筹投资者与领投人之所以要组成合伙企业来入股股权众筹公司，最重要的原因是为了规避有限责任公司对股东人数的限制规定。但这一规避方式存在一定的局限性，因为根据我国法律的规定，无论采取何种投资结构，作为融资公司的股权众筹公司最终的股东人数都不能超过200人。且在对股东人数计算方面，与股东资格认定有所不同，采取的是穿透原则即按照逐级剥离的方式穿透至自然人股东。这就意味着股权众筹仍不能突破200人的限制规定，也在一定程度上造成了股权众筹融资的困难。因此，最根本的解决方法还是放宽对股权众筹公司人数的限制规定，根据不同的筹资金额将股权众筹公司的人数扩大至500—1000人。

3. 对创始人控制权构成威胁

将股权众筹投资者以合伙企业的方式组织在一起共同入股股权众筹公司，使得原本分散的股权得以集中，在一定程度上提高了公司决策的效率。但也给股权众筹公司的治理带来了新的问题，就是众筹投资者股权的集中威胁到了创始人的控制权。解决这一问题最为有效的途径就是前文所述的合伙人制度，将创始人手中的股权与管理权进行分离，通过合伙人对公司董事会的控制，从而最终实现对整个公司的控制。

三 直接持股

直接持股是应用最为广泛，也是公司股东最为正常的持股方式，即股东以其出资入股公司，公司按照其出资额授予股东一定的股份，并将股东登记于股东名册之上。登记于册的股东即享有了股东权，其可以行使法律所赋予的股东权利。

（一）直接持股的优势

根据我国现行法律对有限责任公司股东人数及公众公司人数的限制性规定，股权众筹公司现阶段采取直接持股方式的可能性较小。只有在法律对股权众筹公司股东人数作出特殊豁免规定的情况下，直接持股才可能体现出其优势所在。

第一，股东身份明确。股东直接持股相对于股权代持和有限合伙方式来说，最大的优势就是其股东身份明确。在股东直接持股的股权众筹公司，众筹投资者根据自身的投资获得公司股份，公司将其登记于股东名册。股东获得了完整的、受到法律保护的股东权，其可以参与公司治理，也可以获得相应收益，任何人不得以任何理由非法剥夺其股东权。当其合法权益受到侵害时，股东还可以选择各种有效的途径来进行维权。在直接持股的情况下，股东可以直接通过股东大会将自己的意见向公司进行表达，不需要假借他人之手，更不需要以牺牲自己的股东权利为代价换取利益的分配。直接持股在现实中也有效减少了因股东身份难以确定而造成的纠纷。综上，从某种意义上来讲直接持股是对股东权利最为有效的保护方式。

第二，公司内部制衡。直接持股会造成公司股权的分散，股权分散从理论上来讲有助于公司内部权力制衡模式的构建。在传统的公司股权结构中占据主导地位的是"一股独大"的股权结构形式，该种股权结构无法避免"内部人控制"局面的产生。长此以往，权力没有了约束，不利于公司的长远发展。股权的分散使得任何一个股东都无法仅凭一己之力就控制公司，也就不容易发生股东权益、公司利益被大股东侵害的情况。股权的分散也就意味着即使是大股东，要获得公司对其意见的支持，也应拉拢一定数量的中小股东，这就迫使大股东在提出议案时必须将中小股东的利益考虑在内，有效保护了中小股东的利益。同时因中小股东联合后可以形成与大股东相抗衡的股权力量，因此在公司治理中可以形成有效的权力制约机制，提高公司治理的效率。

（二）直接持股的弊端

直接持股虽具有以上两点优势，但在股权众筹公司中难以推广。除了法律的限制规定外，更为重要的是其现实弊端的存在。

首先，治理效率低下。直接持股会造成公司股权的分散，适当的股权分散可以形成公司内部权力制衡模式，有利于公司治理效率的提高。但股权的过渡分散，则会造成公司治理效率的低下。就目前的研究来看，对股权分散利弊的分析主要集中在上市公司。[①] 且即使承认股权分散在理论上具有积极作用的学者也不得不承认在现实中，股权

[①] 韩丹：《股权分散、管理层持股与上市公司 IPO 价值》，《财经理论与实践》2008年第 2 期。

的过度分散所带来的股权之争、公司治理困境、业绩下滑等一系列问题。[①] 在上市公司监管制度相对较为完善的情况下，都无法避免股权过于分散带来的治理弊端，对股权众筹公司而言这种问题就更加难以避免。股权众筹作为低门槛的投资方式，其每个项目的参与人数都较多，对于一个规模较小的创业型公司来说，这种融资方式如采用直接持股势必造成股权的过度分散，不利于公司形成有效的治理机制。

其次，后续融资困难。股权众筹公司虽在设立时采取了股权众筹的融资方式，但在其发展过程中也会希望获得 PE 或 VC 的青睐，从而获得更大的发展空间。但直接持股状态的股权众筹公司缺乏对机构投资者的吸引力，因为机构投资者可能需要花费更多的精力或财力去收购这些分散的股权，这对于机构投资者而言无疑增加了成本。因此，采取直接持股方式的股权众筹公司在今后的融资过程中很可能会遭遇后续融资困难。

(三) 直接持股弊端的克服

直接持股如能解决股权过于分散所带来的公司治理困境，则可以成为股权众筹公司股东持股方式的最佳选择。直接持股的弊端克服需要以一定的方式将股东手中的权利进行集中管理，但又不能损害股东的利益。通过对国外经验的借鉴和对现实实践的总结，可以发现员工持股会及信托制度是进行股权集中管理的两个最为有效的途径。员工持股会曾在我国国有企业改制中发挥了重要作用，但自 2000 年开始，民政部停止了对员工持股会的社团登记，对已登记的员工持股会到期后也不再续期。这意味着我国法律对员工持股会的合法地位没有确认。在此背景下，信托制度成为股权集中管理的唯一合法有效的途径。

信托最早起源于 13 世纪英国的用益权制度，[②] 其本意是用来规避法律对土地转让的限制、土地变动的税费以及土地的没收。[③] 后来衡

[①] 胡鹏：《由康佳股权之争引发的股权分散化利弊思考》，《财务与会计》2015 年第 23 期。

[②] 霍玉芬：《信托法要论》，中国政法大学出版社 2003 年版，第 43 页。

[③] 周小明：《信托制度的比较法研究》，法律出版社 1996 年版，第 29 页。

平法院对其地位予以了认可，并在长期的实践中形成了信托理念及规范的信托制度。大陆法系国家在借鉴英美法系信托制度的基础上也开始构建自己的信托制度，但由于两大法系在逻辑结构上的不同，在具体信托制度的设计中存在一定差别。股权信托是以股权作为信托财产的信托，其最早诞生于美国，最初的表现形式也是目前最为普遍的股权信托，即表决权信托。股权作为一种财产性权利其权能包括了所有权、管理权、处分权、收益权。其中管理权与收益权是最为常见的信托，但就收益权信托的具体内容来看，其更类似于一种信托投资产品，而不是公司治理工具。因此本书所指的股权信托并不包括收益权信托。

  在股权众筹公司中，众多众筹小股东将其管理权以信托的方式进行集中管理，具有如下优势：（1）股东身份明确，权利能够得到有效保障。股权信托的前提是股东享有股东权，这也就意味着每个股权众筹投资者都应该直接持股，成为股权众筹公司登记在册的股东。拥有明确股东身份的众筹股东，在公司治理中更能够发挥积极作用，既可以保障自身权利的实现，也避免了因身份不确定引起纠纷给公司正常运营带来的不利影响。（2）管理权集中，公司治理效率提高。众筹股东人数众多，要求每个股东亲自参与公司管理是不现实的，也给众筹股东带来了额外的经济负担。因此采取管理权信托的方式，将众筹股东手中的管理权进行集中，由一名或多名股东代为行使，使得原本过于分散的管理权得到统一，从而大大提高了公司治理的效率，既符合公司治理的需要，也符合众筹股东的意愿。（3）权利义务明确，信托内容灵活多样。信托作为一种以信用为基础的制度，其具有内在的精神要求与制度规范，因此即使在信托双方因协议内容不够完善而发生纠纷时，裁判者也可以根据信托精神或原则作出正确的判断。在股权信托中，信托人与受托人之间的权利义务具体明确，且可以根据信托人的要求对内容和相关利益分配进行约定，增强了其灵活性，使其更加适应瞬息万变的市场经济现实。

  综上所述，在分析了股权代持、有限合伙及直接持股三种股权众筹股东持股的方式中，股权代持与有限合伙都无法明确众筹股东的身份，使得众筹投资者在公司中处于隐身状态，众筹投资者不但没有对公司的管理权，其他合法权益也极易受到侵害。但因为其并非股权众筹公司登记在册的股东，即使其权益受到了非法侵害，也只能依协议的内容解决纠纷，对于众筹投资者而言这种维权的方式过于单一，不利于激发其投资热情。而直接持股解决了这一难题，每个股权众筹投资者都成为公司合法的股东，享有法律所赋予的股东权。且通过管理权信托的方式，解决了股权过于分散导致的公司治理效率低下问题，使其成为股权众筹公司众筹股东持股方式的最佳方案。

第三节 众筹股东的权益保障制度

以众筹股东为代表的中小股东作为公司中的弱势群体，其合法权益应如何保障一直以来都是公司治理制度研究的重点。在我国当前的公司治理模式下，中小股东在公司治理中长期处于劣势地位，其合法权益经常会受到来自大股东、管理层甚至公司利害关系人的侵害。从制度层面来讲，中小股东的合理诉求很难得到满足。中小股东的权益得不到有效保障不但不利于公司的长远发展，也破坏了资本市场赖以存在的公平原则，打击了中小投资者的投资积极性，不利于资本市场的持续平稳发展。

股权众筹公司在进行股权融资时，通常将吸引中小投资者作为主要目标，这也就意味着股权众筹公司中会存在大量中小股东，如何保障这些股东的权益成为必须解决的公司治理问题。前文曾经论述过，在股权众筹公司的投资者中，有的投资者有意愿参与公司治理，有的投资者则只是想获得经济上的回报，因此应对不同的投资者进行区别对待。本章节所讨论的众筹股东是指在股权众筹公司中占绝大多数的无参与公司管理意愿的中小投资者。股权众筹公司的众筹股东通常情况下是普通投资者，这类投资者一般不具有专业的投资知识，风险识别能力和承担能力都较弱。[1] 且股权众筹投资只是其获取投资收益的

---

[1] 许飞剑、余达淮：《股权众筹视角下投资者权益保护法律问题研究》，《经济问题》2016年第11期。

一种方式，他们基本上没有精力或者能力参与公司管理。众筹股东人数众多，虽对股权众筹公司的治理漠不关心，但也影响着公司治理模式的选择。股权众筹公司运营中如不重视众筹股东的权益保障，很可能会导致公司陷入治理僵局，甚至影响投资者对整个股权众筹行业的信心。因此在股权众筹公司的治理制度中，应根据众筹股东自身的特点和实际需要，对众筹股东的权益保障制度进行规定。

一 众筹股东身份的认定

股东身份是股东在公司中地位的体现，只有股东身份被公司承认其才能够享有股东权利履行相应的股东义务。在股权众筹公司中，众多众筹股东会因为参与众筹的方式不同而导致身份的不同，这可能会给股权众筹公司造成诸多的股权纠纷矛盾。因此在股权众筹公司中，众筹股东身份的认定是解决股权众筹公司股权争议问题的核心。关于股东身份的定义，我国《公司法》并未明确进行规定。但学者对其已有一些论述，如施天涛教授认为："股东身份应该是股东相对于公司的一种地位、成员身份。"① 赵旭东教授认为："所谓股东身份，又称股东地位，是投资人取得和行使股东权利、承担股东义务的基础。"② 李建伟教授认为："股权法律关系实质上是股东基于其地位而与公司之间形成的法律关系。"③ 可见，股东身份应是投资者投资公司后取得的公司成员身份。学界对股东身份的认定存在两种主要的观点：一种为形式说："以股东是否被记载于出资证明书、股东名册、公司章程及工商登记等形式要件作为确定股东身份的标准。"④ 另一种为实质说："不以外在表示行为作为判断股东身份的依据，而应当分析公司在最初构建时各个股东的真实意思表示，以此为确认股东身份的基础。"⑤ "以出资或认购股权作为认定股东身份的标准是自公司制

---

① 施天涛：《公司法论》，法律出版社 2006 年第 2 版，第 148 页。
② 赵旭东：《新公司法讲义》，人民法院出版社 2005 年版，第 30 页。
③ 李建伟：《公司法学》，中国人民大学出版社 2008 年版，第 210 页。
④ 赵旭东：《新公司法讲义》，人民法院出版社 2005 年版，第 121 页。
⑤ 马强：《有限责任公司股东资格认定及相关纠纷处理》，《法律适用》2010 年第 12 期。

度存在以来最为核心也最为主要的方式。"① 两种观点在股东身份认定上都有一定的道理，但又都存在不完善的地方，因此在实践中股东身份认定的纠纷不断。特别是在股权众筹公司中，因投资者持股方式的多样化，股东身份的认定难度更大，应针对不同的持股方式对众筹股东的身份进行认定。

（一）直接持股

直接持股是指股权众筹投资者直接以个人的名义投资股权众筹公司，并登记于公司股东名册。根据公示公信原则，直接持股股东当然获得众筹公司的股东身份与地位。但证明股东身份的证据有很多，现实中经常出现证据冲突的情况，股权众筹公司中应以哪一证据作为最终的判断标准呢？

1. 股东名册

以股东名册的记载作为确认股东身份的标准，② 在美国公司法中就有此规定，2002 年美国修订的《标准公司法》中规定："股东是指在公司记录中股票以其名义注册的人或者股票的受益所有人，后者的权利以公司存档的指定人证书所赋范围为限。"③ 但在我国公司法实践中将股东名册作为认定众筹股东身份的最终标准并不合适。首先，股权众筹公司投资者人数众多，公司在进行股东名册登记时很可能会发生漏记、错记的问题。再加之众筹股东对公司事务的关系承担不够，因此很难发现这些问题。其次，股东名册的管理不规范，现实中公司经常忽略对股东名册的管理与更新，甚至有公司根本没有置备股东名册，因此导致股东名册的公信力不高。且根据我国法律的规定股东名册的证据力并非不可推翻，在有相反证据的情况下，股东名册并无证明力。④ 最后，公司会存在一个无股东的空窗期。公司的设立以登记

---

① 程黎明：《有限责任公司股东资格确认的困惑及路径选择》，《审判研究》2009 年第 1 期。
② 胡绪雨、朱京安：《论股东资格的取得和确认》，《法学杂志》2013 年第 9 期。
③ 沈四宝：《最新美国标准公司法》，北京法律出版社 2006 年版，第 175 页。
④ 胡晓静：《有限责任公司股东资格确认标准的思考》，《国家检察官学院学报》2012 年第 3 期。

为标准，但公司登记时并不要求置备股东名册，因此很多公司是在公司设立后才置备公司的股东名册。这就导致在公司设立后股东名册置备前，存在一个无股东的空窗期，这个空窗期内股东的权利由谁来行使，投资者又享有哪些权利，法律都没有具体规定。

2. 公司章程

公司章程作为公司成立的基础性法律文件，其体现的是公司的法律人格，规定的是公司的基本构成要素，体现的是对公司及其成员的约束力。很对国家都将公司章程作为确定股东身份的依据，如英国《公司法》中就规定："公司注册证的颁发意味公司股东正式成为法律上的人（法人），且当章程有要求之时限制其责任。"① 可见，公司在注册前股东就已经取得了应有身份，只是尚需获得法律认可。我国香港特别行政区《公司条例》第28条（1）也规定："在公司章程大纲内签署的股份认购人，须当作已同意成为公司的成员，并须在公司注册时作为成员记入公司的成员登记册。"② 股权众筹公司中也以签署公司章程作为认定股东身份的最终标准却并不合适，因为不论是对于众筹公司而言还是对于众筹投资者而言，完成章程的签署是一件耗时耗力的工作。公司因不想支出额外的费用会将签署章程的责任归于投资者。而投资者也会因成本或时间的考虑放弃对公司章程的签署或委托他人进行签署，如此便会带来更多的身份认定问题。

3. 出资证明

汉密尔顿在其著作中曾经表示"认购或者同意购买股份的人在完全支付认购价款之前不能成为股东"③。也就是意味着要想成为公司的股东必须履行出资义务。通常情况下，投资人履行了出资义务公司会出具一份证明文件即出资证明。根据德国有限责任公司制度的相关规定，股东的会员身份在出资义务到期时成立。④ 投资人以出资来换取

---

① ［英］丹尼斯·吉南：《公司法》，朱羿锟等译，法律出版社2005年版，第49页。
② 虞政平：《英国公司法规汇编》，法律出版社2000年版，第64页。
③ ［美］罗伯特·W. 汉密尔顿《公司法概要》，李存捧译，中国社会科学出版社1999年版，第38—40页。
④ 吴越：《德国有限责任公司法的学说与实践》，参见吴越《私人有限公司的百年论战与世纪重构》，法律出版社2005年版，第39—47页。

公司成员资格即股东身份，并以此来享受公司可以给其带来的各种利益，从而实现其投资的目的。股权本身本是一种资格性权利，是股东身份的象征，是股东以自己的资产来换取的权利，因此以出资证明作为股东身份的认定标准具有一定的合理性。股权众筹公司作为依托股权众筹融资这种投资方式而产生的公司，投资人的出资证明是一份必备证据文件。众筹投资者可以对公司股东名册的置备漠不关心，也可以对公司章程的签署敷衍了事，但对其投资的证明文件——出资证明却都十分重视。且以出资证明作为最终认定股权众筹公司众筹股东的标准不但可以有效避免公司股东空窗期的发生，也有效避免公司出资瑕疵的出现，因出资人在取得出资证明时就取得了股东身份，作为股东其必须对出资瑕疵负连带责任。

综上，在采取直接持股的股权众筹公司中，众筹股东的身份认定较为简单，以公示公信原则为基础，股东名册、公司章程、工商登记等具有公示效应的文件都可成为其认定依据。但当发生股东认定纠纷时，则需要以出资证明作为最终的判断依据。

（二）间接持股

由于我国现行法律的限制及公司治理现实的需要，股权众筹公司中间接持股现行十分普遍。众筹投资者若选择间接持股，那其是否还享有股东身份，股东身份如何认定成为一个亟须解决的现实问题。

在股权代持的情况下，根据前文的论述股权众筹公司的股权代持可能是因为有限责任公司人数的限制，也可能是因为投资者能力的限制。但在股权众筹公司的股权代持中，代持股东本身就应是公司的实际出资人，而不能仅仅是名义股东。且在股权代持协议中股权众筹投资者与股权代持人双方对出资方式、代持义务、收益分配、违约责任等事项应作出具体安排，股权代持人根据协议行使股东权利。此时众筹投资者虽为隐名股东，但事实上股权众筹公司已经知道其存在，甚至众筹投资者是在公司的帮助下签订的股权代持协议，协议的内容及权利义务分配公司也了然于胸。此时，应根据实质要件说，以是否履行出资义务作为确定股东资格的标准。无论名义上的股东是谁，作为隐名股东的众筹投资者的股东身份都应当得到确认，这也是对公司自治及当事人意思自治的尊重。

有限合伙是目前我国股权众筹公司应用最为广泛的间接持股方式。在股权众筹完成后，由具有投资经验和投资能力的投资机构或个人（领投人）作为普通合伙人，其他众筹投资者作为有限合伙人，成立合伙企业。再由该合伙企业作为直接投资主体对股权众筹公司进行投资。我们将有限合伙作为间接持股的一种方式，众筹投资者也就成了公司的隐名股东。但对有限合伙形式下的隐名股东身份的认定应采取形式要件说即"应以股东是否被记载于公司章程、股东登记、股东名册、出资证明书等形式作为确定股东资格的标准"。因为从实质上来分析，众筹投资者的资金并未直接投资于股权众筹公司，而是用于成立合伙企业，再由该合伙企业投资于股权众筹公司。因此众筹投资者的出资证明中无法证明其投资的真实性，股权众筹公司也只会给合伙企业出具有效的出资证明。因此有限合伙形式阻断了众筹投资者与股权众筹公司的直接联系，至于有限合伙内部的约定对外也无约束力，因此，无法确认众筹投资者的股东身份。

综上，众筹投资者在直接持股和股权代持情况下的股东身份可以得到认可。但在有限合伙形式下，因缺乏与股权众筹公司的直接联系证明，故股东的身份无法得到认可。

二 众筹股东单独计票制度

众筹股东在整个资本市场中属于中小投资者的范畴，虽然股权众筹公司不是上市公司，但在其股东构成及股东规模上与上市公司相近。因此在对股权众筹公司众筹股东合法权益进行保障的过程中，可以适当借鉴上市公司对中小股东的保护措施。中小股东的单独计票制度，就是维护中小股东合法权益的一项重要措施。

（一）单独计票制度的优势

单独计票制度设计的初衷就是维护中小股东的合法权益，在股权众筹公司治理中，其可以体现为以下优势。首先，保护了众筹股东的投资热情，保护了整个股权众筹行业的健康发展。股权众筹公司在公司重大事项上实施众筹股东单独计票制度，充分体现了公司对众筹股东的重视,从而保护了众筹股东对公司的投资热情,也有利于整个股权众筹行业的可持续发展。刘俊海教授曾经说过"保护投资者就是保护资本市场"①,因此对众筹股东的重视和保护,就是对整个股权众筹市场的保护。只有众筹投资者持续地关注并参与到股权众筹中去,这个市场才能够健康发展。其次,赋予众筹股东话语权。通常情况下,由于众筹股东所占股份份额较少,其诉求很难得到公司的重视,因此大部分众筹股东选择沉默,对公司事务漠不关心,以此来表达自己的不满。若股权众筹公司在公司重大事项上实施众筹股东单独计票制度,则众筹股东的意愿得以伸张,其在公司重大事项上发挥的作用也使其具备了话语权,不再处于任人摆布的地位。最后,提高了众筹股东参与公司治理的积极性。众筹股东通过单独计票制度能够体现其在公司治理中的重要性,其诉求可以得到重视,并可以通过自己的投票来维护自身的合法权利。众筹股东体会到单独投票制度对其权利的有效保障后,会更加积极地行使手中的投票权,从而改变了对公司治理的冷漠态度,积极地参与到公司事务的管理中去。

(二)单独计票制度的设计

建立众筹股东单独计票机制的目的是维护抗风险能力、自我保护能力和信息获取能力较弱群体的合法权益。但若仅仅是对投票结果进行分别统计,分别披露,仍然不能改变大股东控制公司的局面,不能体现该制度设立的必要性。因此在股权众筹公司针对众筹股东实施的单独计票制度的设计中,必须包含操作性强且符合现实需要的配套制度。(1)重大事项的确定。众筹股东单独计票制度并非公司任何决定都适用,只有那些对公司来说影响重大并关系众筹股东切身利益的事项才需要实施单独计票。否则单独计票制度的滥用很可能会给公司造成资源的浪费,导致治理效率的下滑,使公司陷入治理僵局。哪些重大事项应当进行众筹股东单独计票表决呢?现实中公司与股东对重大事项的界定都比较模糊,可以参考《证券法》《上市公司信息披露管理办法》《关于加强社会公众股东权益保护的若干规定》以及《关于

---

① 刘俊海:《现代公司法》,法律出版社 2008 年版,第 57 页。

上市公司建立内幕信息知情人登记管理制度的规定》等法律法规对重大事项的规定。① 股权众筹公司的重大事项应是众筹投资者关心的,对公司发展起到决定性作用的事项。建议股权众筹公司以列举的形式将重大事项一一说明,如重大资产重组、利润分配、承诺变更等。出于公司治理效率的考虑重大事项不宜过多。另外,考虑到未来的不可预知性,以及市场的不断变化,应在制度设计时留有可变空间,设计兜底条款。(2) 分类表决机制。要想达到保障众筹股东话语权的目的,不能只是简单地对众筹股东的投票单独统计,单独披露,而是要采取分类表决机制,即一项重要决议要想获得通过,不但要在股东大会上获得通过,还需要获得众筹股东单独表决通过。这种分类表决机制在我国股权分置改革的过程中曾经发挥巨大作用,其高效地反映了中小投资者的意愿、充分体现了公平与民主,确保中小投资者的声音不被大股东淹没。具体在公司实践中,为了避免个别众筹股东的意志代表多数众筹股东意志的现象,同时,也为避免大股东买票行为,对参与分类表决的众筹股东数量应作出下限规定,即当参与表决的众筹股东数量满足一定条件时方可启动分类表决制度,具体人数可根据公司的众筹股东数来确定。(3) 网络投票机制。众筹股东是通过股权众筹这种互联网金融融资方式而成为公司股东,因为其投资是依托网络完成,因此众筹股东的分布相较于传统公司的股东,在地域上更为广泛。这也造成了股东参与公司治理难度的增加,很多众筹股东因受时间、成本等条件的限制,不得不委托他人代为行使投票权,从而极易导致其真实意思表示被控股股东压制或忽略。在互联网如此普及的今天,公司治理也不应该局限于线下。开辟网络投票机制,使无法现场投票的众筹股东,可以通过网络来表达意见,是提高众筹投资者参与公司治理积极性的一条捷径。且因众筹股东本就是依托网络来实现对公司的投资,以网络来实现其投票权也是现实可行的。

---

① 王靓、沈龙强:《试论资本市场中小投资者单独计票机制的构建》,《金融纵横》2015 年第 3 期。

三 众筹股东的强制分红权

股东分红权源自"Shareholder's Right to Dividends",也被译为利益分配请求权、股利分配请求权,利润分配请求权等。从总体上来说,其体现的应该是股东对其投入公司资本要求回报的权利。股东获取投资回报的方式有很多种,要求分红是最为直接也最为普遍的一种。众筹股东投资股权众筹公司最初也最为直接的目的就是获取利益,也正因如此,众筹股东尤为重视分红权。我国公司法并没有对有限责任公司的股东分红权进行明确规定,而是交由公司自治决定。这就很可能导致众筹股东在公司的分红权无法得到保障,从而打击了投资者对股权众筹的积极性。因此,有必要在股权众筹公司参照上市公司中关于分红权的规定,赋予众筹股东强制分红权。

（一）股东分红权的现状

现有股权众筹公司中,股东分红权的实现面临着重重障碍。首先,立法对众筹股东分红权难以保障。股权众筹公司在表决机制上一般适用"资本多数决"原则,然而"资本多数决"其实是把"双刃剑",其有合理的一面,同时也存在不可避免的弊端。"资本多数决"设立的基础是多数股东的利益能够与公司的整体利益相契合,在少数服从多数的原则下,多数股东或者说是大股东的意志即代表了公司意志。然而事实并非如此,很多情况下多数股东的利益与公司的利益并不完全一致,特别是当公司存在控股股东的情况下,中小股东的利益总是成为成全公司利益的牺牲者。在股东分红权的行使方式上,《公司法》虽作了相关规定但在具体实施中却困难重重。股东分红权可以在"全体股东约定"的情况下排除"按实缴出资分配"的立法预设,但"全体股东约定"是否就等同于"股东会决议"却并没有进一步的解释。在此情况下大股东很可能会利用资本上的优势来操作股东会,形成对其有利的决议,影响中小股东分红权的顺利实现。目前《公司法》中并没有对股东的分红权进行明确规定,虽然有些学者认为股东的"资产收益权"可以包含分红权,但在现实中容易造成人们对分红权和股东权利的混淆,也未充分回应公司法理论中对"抽象分红权"和"具体分红权"的种类划分，从而容易引起公司管理和司法实践中的认知混乱。其次，救济制度不周延。公司法对中小股东分红权受损的情况已经进行了制度上的保障，当中小股东的分红权受到侵害时其享有自行召开股东会的权利，异议股份回购请求权、转让公司股份权以及提起诉讼的权利等。制度虽已设立，但在实施过程中却存在诸多问题。以《公司法》第74条第1款为例，"公司连续五年不向股东分配利润，而公司该五年连续盈利，并且符合本法规定的分配利润条件"则股东可以在股东会上投出反对票，并要求公司回购其股权。从这一制度规定的实现条件来看，得不到分红的股东要想提出股份回购请求权需要满足以下几个条件：(1)公司连续五年盈利且满足《公司法》规定的分红条件；(2)公司已经连续五年未分红；(3)股东对股东会的不分红决议投反对票。如此多的条件对股东来说无疑是苛刻的，且依股权获得公司的利润分成是股东的合法权益，对一合法权益的行使设置如此多的条件，显然是不合理的。最后，众筹股东自身维权意识薄弱。我国公司制度实施的时间不长，人们对公司制度的认识还不够深刻。特别是中小股东，仅仅关心自己在公司中的收益，而忽视其他权利的实现，只有在其分红权受到侵害的情况下，才去查阅公司账簿，财务报表等。在股权众筹公司中这种现象更加明显，众筹股东通常对公司的投资额度都不大，且因投资众筹公司只是其本职工作以外的投资，因此不会将大量精力用于参与公司事务。即使当其分红权受到侵害的情况下，出于维权成本的考虑，很多众筹股东也不会采取积极的措施，从而错失良机。

(二) 强制分红权的必要性

第一，为众筹股东带来直接的经济利益。股权众筹作为一种新的投资方式，有利于激发民间资本的活力，为创业公司解决融资难题。大部分众筹投资者参与股权众筹的目的也是获取收益，因此规定强制分红权能够解决众筹股东的后顾之忧，使其获得直接的经济利益。

第二，有利于公司的长远发展。在公司治理中强调众筹股东分红权的保障，透露出一种信息——股权众筹公司重视众筹股东的权益，尽量营造一个平等的治理环境。这种公司治理结构的优化是一个公司发展的内在原动力。强制分红权能够平衡公司各利益主体之间的利益关系,激发股东尤其是中小股东参与公司管理的积极性,促进公司决策的民主与科学性。另外股东强制分红权实现的前提是公司的运营状态良好,分红权的实现能够增强股东对公司未来发展的信心,有利于公司的长远发展。

第三,有助于股权众筹市场的稳定。股东分红权的实现保障了众筹股东的应得利益,从长远来看,能够提升众筹股东对众筹投资的信心,进而有助于股权众筹市场的长期稳定。股权众筹作为"草根金融",依赖的就是众多的草根投资者,如果这些草根投资者的利益得不到保护,则其就会失去对众筹市场的信心,也就不会再参与到股权众筹中去。这将直接影响股权众筹项目的成功率,导致股权众筹市场陷入危机。因此,保障众筹股东的分红权,有助于股权众筹市场的稳定。

(三) 强制分红权的实现

为了保证众筹股东的分红权,从比较法的角度分析,引入强制分红权之诉是最为直接也最为有效的方式。从传统公司法角度来讲,公司的分红情况属于公司自治的范畴,法院无权进行干涉。但随着公司法的发展,公司在自治的过程中也应考虑对小股东利益的保护和社会公共利益的维护。出于保护众筹股东合法权益和防止众筹股东滥用强制分红之诉的目的,众筹股东强制分红权之诉的行使需要满足一定的条件。众筹股东提起强制分红之诉必须满足三个条件:第一,能分却不分即公司的各方面条件都满足分红的条件,但公司拒不分红或只是象征性分红;第二,众筹股东对公司的不分红决定提出明确的书面反对意见;第三,众筹股东已穷尽公司内部救济措施,诉求仍无法实现。[①]

为了保障强制分红之诉的顺利运行,应在司法程序上对其进行明确规定。第一,管辖权的确定。因股权众筹公司多为中小型创业公司且股东分布较为广泛,为了方便公司参加诉讼,应确定为公司所在地的基层人民法院为管辖法院。第二,原被告的确定。因强制

---

① 刘俊海:《现代公司法》,法律出版社 2008 年版,第 137 页。

分红之诉主要是为了维护众筹股东合法权益的制度,且在现实中股权众筹公司中大股东通常不会采取诉讼的方式实现自己的分红权。因此,该诉的原告为股权众筹公司的众筹股东,被告为股权众筹公司。第三,举证责任的分担。根据"谁主张,谁举证"的原则,众筹股东的股东身份、公司的盈利情况、长期存在不分红的事实以及已经穷尽内部救济措施等情况由众筹股东负责举证。而股权众筹公司则需证明公司的财务状况、盈利状况等不适宜分红。第四,诉讼时效的适用。根据强制分红权提起的时间段的不同,其诉讼时效的适用也有所不同。在股东会做出分红决议之前提出的强制分红之诉不应受到诉讼时效的限制,因为此时股东会尚未对分红作出决议,是否分红、分红额的多少都处于不确定的状态。此时的股东并不知道自己的利益受到了多大的损害,无法确定具体数额,其权利是否受到侵害在多大程度上受到侵害都还处于一种不确定的状态,也就不应该对诉讼时效进行限制。而当股东会作出分红决议之后,具体的分红数额已经得以确认,股东对自己的权利已经知道或应当知道受到了多大程度的损害,股东对自己被侵权的事实已经明确,此时开始计算诉讼时效才具有现实意义。

第四节 股权众筹平台的参与制度

自从股权众筹模式在美国诞生以来,在全球得到广泛应用,中国的众筹平台也随之出现,并呈现雨后春笋之势。再加上在政府"大众创业,万众创新"口号的号召下,众筹又与互联网经济紧密相连,给众筹类公司带来了大量利好消息。然而在众筹平台遍地开花的背景下,却存在极大的隐患。我国目前的众筹平台定位极度模糊,这也直接导致其职能难以界定。通过对现运行的众筹平台的分析可知,平台对众筹项目的宣传主要集中在其创新性、回报率,但对于项目的风险性及监督机制、退出机制则很少涉及。[1] 目前,由于我国法律中没有

---

[1] 黄河:《众筹网站的软肋》,《中国经济和信息化》2014年第9期。

对众筹平台进行明确的定位,现实中大部分众筹平台是以普通的有限责任公司的形式存在,但众筹平台所从事的服务又具有一定的特殊性,造成众筹平台身份与服务性质不匹配的现象,这也给我国众筹平台及众筹公司的发展造成不利影响。

第一,众筹平台的合法性受到质疑。在实践中,股权众筹市场规模的逐渐扩大导致股权众筹平台的经营范围也随之扩张,"从最初较为单一的发布筹资信息和搭建交易通道,逐渐扩展到证券经纪、投资咨询、尽职调查、场外交易等多个领域"[1]。然而,在我国从事与证券相关的行业受到严格的限制,根据《证券法》的规定要取得从事各类证券服务业务的资格,必须经证监会的批准。显然作为普通有限责任公司而存在的众筹平台并未获得这一批准,这就使得其在经营过程中的很多业务面临合法性的质疑。此外,由于我国关于股权众筹豁免制度的法律缺失,所以众筹平台为众筹公司融资提供中介服务的行为,还存在可能触及"擅自发行股票""非法吸收公众存款""集资诈骗"等法律红线的危险。

第二,众筹平台的收益难以保障。众筹平台的利润主要来自以下几个方面:"交易的手续费、增值服务以及流量导入与营销费用。交易手续费的收取一般按照所筹集到资金的一定比例来收取。股权众筹的增值服务指的是对创业者在法律、财务等方面做出指导。众筹平台的流量导入指的主要是合作营销和广告分成等。"[2] 众筹平台的这种收益方式过于依赖众筹市场的发展,导致其收益难以得到有效保障。在当前的法律背景下,要提高平台稳定的收入来源,通过业务范围拓宽,需要承担巨大的法律风险,而仅仅依靠提供服务发布广告收取的费用又具有极大的不稳定性,很难维持众筹平台的正常运转。据统计,有超过半数的众筹平台因收益的不稳定而徘徊于下线的边缘。

第三,众筹平台的监管难度大。行业监管的缺位是众筹平台法

---

[1] 刘明:《美国〈众筹法案〉中集资门户法律制度的构建及其启示》,《现代法学》2015年第1期。

[2] 零壹财经、零壹数据:《众筹服务行业白皮书(2014)》,中国经济出版社2014年版,第19—20页。

律地位模糊造成的另一个难题,虽然相关监管部门已经认识到这一问题,并于2014年年初根据互联网金融监管的划分标准,将股权众筹的监管权明确归属于证监会,但现实情况是,证监会虽拥有监管权却因众筹法律法规的缺失处于无法可依的状态。基于目前股权众筹平台经营模式和发展方向混乱的现实,如何在保护投资者的投资热情、提高股权众筹成功率和保护投资者合法权益间寻求平衡,成为众筹平台监管的一大难题。

第四,众筹公司的健康发展受到威胁。众筹平台作为众筹公司的融资平台,其运营状况、发展前景都直接影响到众筹公司的发展。只有一个合法且运营状况良好的融资平台,才能保证融资公司的利益。但就我国目前的状况而言,众筹平台自身尚处于定位模糊的状态,就更难保证融资公司的利益不受侵害。在构建众筹公司完善科学的治理系统之前,必须对众筹平台进行合理的法律定位,为平台的长远发展铺平道路。在众筹公司治理中,将其认定为公司的利益相关者,以其健康发展来促进众筹公司的健康发展。

将众筹平台引入公司治理模式的理论渊源来自对两大公司治理模式的分析比较。美国公司法学家科菲教授在其著作中曾经对股权分散与股权集中情况下的公司治理体系进行了归纳总结,其大体可以呈现如下特征:外部人模式又称股东导向模式(shareholder-oriented system)或市场导向模式(market-oriented system),其特征是:股权分散,存在强健的证券市场,高标准的信息披露要求,较高换手率和市场的整体透明度,银行只发挥有限的监督作用,公司控制权市场充当最终的自律机制,这种模式主要为英美等少数国家所奉行。内部人模式又称利益相关者导向模式(stakeholder-oriented system)或关系导向模式(network-oriented system),其特征是:股权集中,大股东享有控制权,证券市场相对弱小,公司控制权为个人带来较大收益,发生敌意收购的潜力有限,披露和市场透明度的标准较低,但是经常由主银行发挥监督作用,这种模式广泛存在于欧洲大陆和亚洲国家。[1]众

---

[1] [美]约翰·C.科菲:《看门人机制:市场中介与公司治理》,黄辉、王长河等译,北京大学出版社2011年版,第58—60页。

筹公司从其股权结构来看更符合外部人模式的公司治理体系，却由于缺乏外部人模式的其他有效配套机制而举步维艰。这种现实状况是由我国国情决定的，长期以来内部人模式一直在我国公司企业中占据主导地位。我国公司制度起步较晚但经过多年的变革与完善，公司治理制度已有了较大的改善，其治理模式已开始体现外部人模式的特点。然而制度的趋同并不代表治理效果的一致，在缺乏制度创新和有力执行机构的前提下，形式的趋同反而会造成更多的实质障碍。因此，在针对众筹公司的治理创新中，不可能完全照搬外部人治理模式。应考虑众筹公司的特点与外部人治理模式的契合度，在现有条件下，为众筹公司提供一个相对完善的治理模式。通过对公司外部人治理模式特征以及我国股权众筹行业现实状况的分析，本书认为，众筹公司亟须相应的配套机制以构建系统完善的公司治理制度，而众筹平台的参与恰好可以有效弥补公司治理的漏洞。

一　股权众筹平台作为控制者

公司治理权限通常仅限于公司事务，对众筹公司而言公司成立前的融资阶段通常并不在公司的可控范围之内，但事实上这个阶段却尤为重要，其是众筹公司取得成功的第一步。因此，通过众筹平台的参与扩大公司治理权的外延将众筹公司的可控范围扩展到融资阶段，对处于萌芽阶段的众筹公司来说至关重要。众筹平台可以通过对股权众筹项目的审核来判断该公司是否具有发展潜力，也可以通过对投资者的把控为公司未来的发展扫清障碍。

（一）对股权众筹项目的审核权

如果将众筹平台认定是一种特殊的电商，那么该平台销售的商品就是创业公司的股权。与普通的电商平台一样，如想将商品以更好的价格成功售出，关键在于要保证商品的质量。换言之，也就是说出售股权的创业公司的项目必须具有相应商业价值。通过对各大众筹平台项目上线要求的分析，我们可以发现，目前我国众筹平台对线上项目的审核内容主要是包括"项目基本介绍、项目团队信息、商业计划书三部分。从要求提供的资料来看，平台目前项目的审核主要是形式审查而不涉及实质审查"①。在审核过程中，因审核环节缺乏透明度，审核人员缺乏相应的监督，使得一些达不到上线标准的项目，通过不正当手段与众筹平台进行勾结，"堂而皇之"地进入融资平台进行融资。众筹平台为了免除自身的责任，通常在服务协议中预设了免责条款，表明平台不对融资项目信息的真实性、可靠性负责。② 为了众筹公司与众筹平台的长远发展，众筹平台必须负起一定的责任，仅仅对众筹项目进行形式审查是远远不够的。本书认为一方面众筹平台应严把准入关，对融资发布者的项目进行实质审查，从行业、财务及法律等角度对融资方拟众筹的项目进行把控。众筹平台应建立相应制度对股权众筹项目的发展前景、可行性与创新性、项目的估值是否合理等相关信息进行全面的审查。这就要求众筹平台必须具备一定的资金、人力、技术条件，并制定严格的项目上线审查制度。另一方面，为了获得更多优质项目，众筹平台应扩大发现、挖掘和培育好项目的途径与来源。本书认为，众筹平台应与线下的孵化器③、创业营合作获取好项目，抑或众筹平台自身打造孵化器，孵化优质项目以此来扩大好项目的来源。

（二）对项目发起者的评定权

拥有好的股权众筹项目只是迈向成功的第一步，接下来对众筹公司治理来说最重要的是需要一个具有执行力的团队。一个可靠并具有执行力的创始团队对于众筹公司的治理具有重要意义：首先，可以保障众筹公司保持正确的发展方向。"创始团队通常对企业的发展具有长远和独特的愿景。这使他们更倾向于追求长期为股东创造财富，而不是集中在短期行动或单纯地保证企业平稳盈利。"④ 其次，可以掌

---

① 肖本华：《美国众筹融资模式的发展及其对我国的启示》，《南方金融》2013年第1期。

② 樊云慧：《众筹平台监管的国际比较》，《法学》2015年第4期。

③ 创业孵化器是创业者实现创业的重要载体和创业扶持政策的集中落实平台，具体是指经相关部门认定，能为入驻的创业者、创业项目等孵化对象提供一定期限的生产经营场地以及有效的创业指导服务，具有持续滚动孵化和培育创业主体功能的创业载体。

④ Bertrand M. Mullainathan S., "Enjoying the Quiet Life—Corporate Governance and Managerial Preferences", *Journal of Political Economy*, Vol. 111, No. 5, 2003, pp. 1043-1075.

握众筹公司的核心技术力量。创始团队作为众筹公司项目的发起者，通常也是项目核心技术团队，直接掌握公司的核心技术力量，有利于公司的长远发展。鉴于项目发起者（发起团队）对众筹公司的重要性，众筹平台可以通过建立针对项目发起人的信用评级标准实现对项目发起者的控制。如对众筹公司创始人（团队）以往的项目发起记录、筹资金额、项目完成情况等进行考察，并根据实际情况给以信用评定，以确保在本平台上线的众筹项目具有可靠的执行团队，为众筹公司构建良好的治理结构扫清障碍。

（三）对投资者的选择权

众筹平台对投资者进行选择有两个主要目的：一是为保障公司发展，二是最大限度地保护投资者利益。基于我国金融投资环境不稳定、金融消费者保护法尚不完善等因素的考虑，保护投资者权益防范金融风险将是金融改革中面临的一个难题。[①] 因此在众筹公司的融资过程中，也应充分考虑投资者利益保护。

众筹平台在为股权公司融资之前，首先应该对该公司的融资目的进行了解。在了解其最迫切需要的是资金还是资源后，再根据具体情况对投资者进行选择性的控制。对于大部分众筹公司来说，其融资的目的还是筹集资金，因此众筹平台应重点对资金类投资者进行审核。根据现有的股权众筹模式，可以将投资人分为两类：一类为成熟的投资者，在众筹项目中称为领投人；另一类为大众投资者，在众筹项目中称为跟投人。通过对大家投、天使汇等股权众筹网站的分析可以发现，各大众筹网站几乎都对领投人提出了明确的要求：领投人除了需要符合网站对一般投资者的认定标准外，更重要的是领头人还需要拥有丰富的投资经验，较强的风险承受能力，并能够主动肩负起帮助创业者完成融资的任务。为了保证股权众筹项目的成功，众筹平台有必要按照2013年10月31日发布的《中国天使众筹领投人规则》对领

[①] 杨东：《市场型间接金融：集合投资计划统合规制论》，《中国法学》2013年第2期。

投人的定义，对领投人的资格进行审查。①② 对于大众投资者，目前我国并无严格的审核要求。故而，为了更好地保护大众投资者的利益，众筹平台应根据不同的众筹项目，设定大众投资者参与的门槛。对于一些风险性较高的项目，平台应对大众投资者的风险承受能力进行审查：一是从投资者银行卡流水、投资记录等方面进行审核；二是从项目的投资规模方面予以限制，如设定某一项目中单个投资者的投资上限；三是在该众筹网站中，设置投资者投资总额的上限，从而引导投资者合理控制风险。

二　股权众筹平台作为参与者

根据传统公司治理模式，众筹完成后众筹平台已完成其使命，不再与众筹公司发生任何关系。但根据众筹公司的特点以及股东对众筹公司治理模式创新的要求，众筹平台亦可参与众筹公司的治理，在众筹公司的治理中发挥其平台优势，服务于众筹公司。

（一）股东参与平台

目前，众筹公司大多是处于初创阶段的小微企业，且股东人数众多，每位股东所占股份额度较少。根据资本市场的规律，中小投资者由于持股水平相对较低，如若投入大量的精力参与公司治理，其成本收益将极不对称。因此，在现实公司治理中经常出现中小股东对公司治理的冷漠现象，其表现为不愿意亲自参加股东大会，对于公司的日常经营活动的关注度低等。这种股东对公司治理的冷漠更容易出现在众筹公司中。基于众筹公司的特点大部分投资者并不是以投资为业的

---

① 《中国天使众筹领投人规则》，天使汇网站：https://www.crunchbase.com/organization/angelcrunch，2022年6月2日。

② 领投人的定义如下：（1）应符合天使汇的合格投资人要求；（2）领投人为在天使汇上活跃的投资人（半年内投资过项目、最近一个月约谈过项目）；（3）在某个领域有丰富的经验，独立的判断力，丰富的行业资源和影响力，很强的风险承受能力；（4）一年领投项目不超过5个，有充分的时间可以帮助项目成长；（5）至少有1个项目退出；（6）能够专业地协助项目完善BP、确定估值、投资条款和融资额，协助项目路演，完成本轮跟投融资；（7）有很强的分享精神，乐意把自己领投的项目分享给其他投资人。

专业投资人,而是有本职工作的大众投资者。① 他们大多投入的金额不多,对参与公司治理的兴趣不大。如参与公司治理的成本高于其预期的收益,很多中小股东会采取冷漠的态度对待。股东对公司治理的冷漠不利于公司的发展,特别是对处于初创阶段的公司而言。股东可能将权利委托他人代为行使,这无形中增加了代理成本,也增加了公司管理层机会主义泛滥的风险;同时也给大股东掠夺公司资源损害小股东利益创造了便利条件。因此,必须对公司治理模式进行相应的改革,以满足众筹公司股东参与公司治理的现实需要。

提高股东参与度,最有效的方法就是最大限度降低股东参与公司治理的成本。随着高效、低成本的沟通方式——互联网的普及,这一问题已经迎刃而解。众筹公司作为互联网金融的产物,其在公司治理中当然也可以依托互联网。利用互联网召开股东大会,深圳在2001年就开始进行探索,股东可以通过互联网与公司管理层进行对话,甚至可以在网上对公司的议案进行投票表决。② 虽然我国公司法尚未对股东通过网络参与公司治理的形式给以明确,但可以参考2004年12月7日证监会发布的《关于加强社会公众股股东权益保护的若干规定》,其中就规定股东可以通过互联网参与公司治理。③ 且目前我国已具备了召开网络股东会,进行网络投票的硬件条件。据中国互联网信息中心发布的第37次《中国互联网络发展状况统计报告》,截至2015年12月中国网民规模已达6.88亿人,互联网普及率达到50.3%,过半数中国人已经接入互联网。

公司召开网络股东会和进行网络投票需要一个互联网平台,大型的上市公司拥有雄厚的财力与丰富的人力资源,可以搭建自己的互联

---

① 孔东民等:《冷漠是理性的吗?中小股东参与公司治理与投资者保护》,《经济学》2012年第10期。
② 刘俐、高宏娟:《网络为股东大会服务》,《证券时报》2001年8月15日第3版。
③ 《关于加强社会公众股股东权益保护的若干规定》中明确规定:上市公司应积极采取措施,提高社会公众股股东参加股东大会的比例,鼓励上市公司在召开股东大会时,除现场会议外,向股东提供网络形式的投票平台。该规定强制要求,当股东大会的表决涉及增发、重大资产重组等对社会公众股股东利益有重大影响的相关事项时,上市公司向股东提供网络形式的投票平台,并且社会公众股所持表决权达二分之一以上者方有效。

网平台。但是作为初创企业的众筹公司,要想自己搭建这样的一个平台似乎有些力不从心。众筹平台恰恰可以为其提供这一方便。依托现有的网络平台,众筹公司只需缴纳较少的服务费或以少量股权进行交换,就可以依托众筹平台搭建起自己的公司治理网络,而众筹平台也因此可以获得额外的收益,对两者各有裨益。

(二) 公司信息公开平台

众筹公司治理中的一大难题就是解决管理者与股东的信息不对称。众筹公司由股东投资设立,股东们理应享有公司的所有权。但是,并不是每个拥有股权的股东都愿意参与到公司的经营管理中。根据所有权与控制权相分离的理念,公司的控制权、经营管理权通常由公司管理层掌握。这种所有权与控制权相分离的治理模式必然会导致股东与公司实际管理者之间在掌握信息上的不公平。作为股东虽被赋予了"资产受益、参与重大决策和选择管理者等权利"[1],但事实上,股东真正能够行使的权利非常有限,大部分权利被董事会剥夺。再加之由于股权的高度分散化,股东的意向各异、意见难以统一,参与公司决策的成本限制,使得许多众筹公司的股东根本无意也无法参与公司事务。

解决信息不对称的方法就是实行有效的信息披露制度。正如美国联邦大法官路易斯·布兰戴斯在《他人的金钱》一书中指出的那样:"公开制度作为现代社会与产业弊病的矫正政策而被推崇,阳光是最好的防腐剂,灯泡是最有效的警察。"[2] 为了解决众筹公司治理中股东与管理者信息的不对称,更好地维护股东的利益,维持其参与公司治理的积极性,众筹公司必须建立完善的信息披露制度。信息披露需要一个固定的平台,根据证监会的规定,上市公司的信息披露平台为证券监督管理委员会指定的报纸,披露内容为应披露文件的全文。除此之外,公司也会建立自己的网站,定期在网站上对公司的事务予以公示,这些网站也是信息披露平台。但无论是利用证监会指定的平台还

---

[1] 参见《公司法》第4条。
[2] L. D. Brandeis, "Other People's Money and How the Bankers Use it", Montana: Kessinger Publishing, 2009, p. 62.

是自己搭建的平台，信息披露都需要一定的成本。"构成信息披露成本的项目主要有信息披露文件的编制成本、服务机构的佣金、信息披露文件的披露成本。"股权众筹公司在盈利能力、资产规模、经营的稳定性等方面都处于较低的水平，如果不考虑众筹公司的特点及信息需求者的情况，而盲目要求其承担过重的信息披露成本，非但达不到预期的效果，反而会给公司治理带来不利影响。

事实上，众筹公司完全没有必要自行建立信息公开的平台，而股权众筹网站完全可以充当这一角色。利用现有的众筹平台公开公司信息，有如下优势：第一，可以为众筹公司节约信息披露的成本。成本的把控，对处于创业阶段的小微企业尤为重要。第二，便于股东操作。股东最初就是通过众筹公司筹资的平台了解该项目并进行投资的（通常情况下众筹公司应选择为其进行融资的网站为信息披露平台），因此股东对该平台应该比较了解。也就是说，众筹公司在该平台发布信息更有利于股东行使知情权。第三，也有利于众筹平台的发展。为众筹公司提供信息公开平台不但可以增加众筹网站的收益，还可以提高投资者对网站众筹项目的信赖度，提高该网站股权众筹的成功率，实现众筹平台的良性发展。

三　股权众筹平台作为监督者

众筹平台在众筹公司的治理中，最为重要的角色是公司治理的监督者。目前众筹公司的治理中，监督者的角色大多由股东担任，并未引入外部人监督制度。这种只有内部人参与的监督模式令其监督效力频频受到质疑。因此，在众筹公司的监管中，亟须一个冷静的旁观者、批评者和建议者，而众筹平台恰可当此大任。

（一）独立监事

根据我国《公司法》的规定：监事会或监事是公司的必设机构，监事通常由公司的股东或职工担任，并有任期限制。监事会要想发挥有效的监督作用，就必须保证其独立性。虽然，我国现行《公司法》对监事会制度作出了较为明确的规定，相关部门规章也对该制度进行了配套规定，但在公司具体运行中，监事会制度并没有发挥出应有的效用。最主要的原因应该在于监事会地位不独立，缺乏独立性这点在众筹公司中表现得尤为明显。众筹公司的监事通常情况下来自投资人，也就是公司的股东。根据众筹公司的特点，由于大部分股东在公司中所占股份较少且不热衷于公司事务，如选任这样的股东担任监事，必然会造成监事会的虚设。监事会因被董事会或大股东控制而失去独立地位，无法发挥应有的监督作用。监事会独立性应体现在其组成人员的独立性上。可以考虑借鉴日本的独立监事制度，使监事会中独立监事的数量在一半以上，从而保障监事会在行使职权时真正的独立性。

众筹公司的治理中，为了发挥监事会的有效监督作用，也有必要引入独立监事制度。独立监事可以由公司员工、众筹平台、股权众筹监管机构等关心众筹公司发展，但与公司没有直接利益关系的人或机构担任。众多独立监事候选者名单中，众筹平台无疑是最适合作为独立监事的人选。首先，众筹平台了解公司的背景。[①] 众筹公司在进行融资时，必须接受众筹平台的审查，因此对于公司的发展前景，公司的股权结构等都较了解，方便对其进行监管。其次，众筹平台了解公司的运营团队。对众筹公司进行监管最重要的一个方面就是对经营者、公司实际控制者的监管。众筹平台在公司筹资的过程中，就开始与公司的发起团队进行接触并对其信用进行考察，因此相对于其他大众股东，众筹平台更了解公司运营团队，这也更有利于对其进行监督。最后，众筹平台有监督的意愿。作为平台要获得长远的发展就需要其扶持的项目获得成功，这样平台才能打响知名度，并从中获得更大的收益。因此，众筹平台有意愿监督众筹公司的事务，并积极参与公司治理。

(二) 独立董事

独立董事制度由美国创设，美国证监会自1930年起就开始倡导公众公司设立非雇员董事。[②] 直到20世纪90年代独立董事制度在美

[①] 这里所指众筹平台均为众筹公司融资平台。
[②] 《美国1940年投资公司法》第10条（a）款，转引自欧阳卫民主编《海外基金法规》，中国国际广播出版社1995年版，第35页。

国各州的立法中得到普遍确立。随着公司治理模式的不断改进与完善,伴随收购高潮和机构投资者的出现,独立董事制度得到了众多公司的认可。我国最早引入独立董事制度是1997年,证监会允许上市公司根据自身的需要来设立独立董事制度。近20年来自独立董事制度以其特有的管理优势被越来越多的公司所认可,并发挥着巨大的作用。目前,独立董事制度还只是在上市公司等大型公司中广泛应用,对于处于创业初期的中小企业并未适用。现实中,虽然独立董事制度可以克服众筹公司治理中的诸多缺陷,诸如减少公司控制人滥权行为,董事会、监事会形同虚设等问题,但由于众筹公司大部分是处于起步阶段的中小企业,要求其聘任独立董事无疑加重了其负担,给公司的成长背上了巨大的包袱。因此在众筹公司的治理中需要一个发挥独立董事作用,但不加重公司经济负担的角色出现,众筹平台恰好符合这一条件。

参照上市公司独立董事的选任条件,[①] 本书认为众筹公司的独立董事应满足以下条件:(1)熟悉众筹公司运作的基本知识。(2)具备与众筹公司设立、运营相关的工作经验,至少五年以上。(3)确保有足够的时间和精力有效地履行其职责。(4)薪酬在公司承受能力之内。从客观上来讲,众筹平台符合以上四个硬性条件。众筹平台作为众筹公司的融资平台,当然了解众筹公司运作的基本知识,且符合相关工作经验的要求。至于是否有足够的精力和时间履行其职责,主要在于众筹公司的激励机制是否恰当。从主观上来讲,众筹平台有参与公司治理监督众筹公司发展的意愿,前文已经论述在此不再赘述。且从众筹公司的角度来看作为初创小微企业,社会资源极其有限,在短时间内很难聘任到符合条件又具有社会影响力的独立董事。众筹平台就成为其不错的选择,众筹平台可以直接以平台的名义担任公司的独立董事。这是平台参与公司治理最直接的方式,也是平台增加收益扩

---

① 在积极任职资格方面,《关于在上市公司建立独立董事制度的指导意见》规定,独立董事应当具备担任上市公司董事的资格,熟悉上市公司运作的基本知识、相关法律法规,具有五年以上法律、经济或其他履行职责所必需的工作经验,并确保有足够的时间和精力有效地履行其职责。

大知名度的方式。另外，平台可以利用其网络优势，网罗符合条件的独立董事人选，建立自己的独立董事库，当众筹公司有需求时，从其独立董事库中提供人选。

公司的发展日新月异，众筹公司的治理模式也需要不断推陈出新。众筹平台参与到公司治理中，是对公司治理模式创新有益的探索。正如一众筹项目参与者所说："众筹是一个入口，是一个未来有成长前景的中小公司的入口。"[①] 众筹完成后，公司还要进一步成长壮大，而在成长的过程中需要一系列的服务去对接。作为众筹平台，可以从一开始就与公司保持良好的关系，参与到公司的治理中去，为众筹公司提供一个良好的治理环境，创造一种新的公司治理模式。这种新的公司治理模式只要适合公司的发展需要，就不愁培养不出下一个阿里巴巴，众筹平台也将可以从中获得可观的收益。

---

① 南风：《股权众筹：一个被玩坏的行业？》，http://max.book118.com/html/2017/0426/102404423.shtm。

第五章　股权众筹公司股东退出机制的特色与制度构建

第一节　股权众筹公司股东退出机制

近年来，我国股权众筹行业迅猛发展。特别是在"大众创业、万众创新"口号的号召下，其已成为缓解中小企业融资难题，解决企业创业资金的首选融资方式。随着股权众筹公司的增多，公司运营中的诸多弊端开始暴露于众，股东退出机制的不完善就是其中一个。作为互联网普惠金融，股权众筹吸引了大批草根投资者，除少数投资者是单纯支持创业者的创业梦想外，大部分的投资者还是希望通过投资获得可观的收益。但事实是，投资者投资股权众筹公司后获得的仅仅是公司的股份，这种权益只属于"静态"资产，并不能在短时间内再次变为现金。只有通过完善的退出机制，使股份可以自由转让，帮助"静态"的资产转化为"动态"的资产，实现投资者获利的目的，同时使股权众筹获得的资金流动起来，才能保障投资者的利益及股权众筹市场的长期稳定发展。

一　股权众筹公司股东退出机制的现状

股权众筹自 2013 年引入中国后，得到了迅速的发展，特别 2015 年是股权众筹发展的黄金时期，仅上半年新上线众筹平台的数量就占平台总数的 35.51%。2015 年年中，全国共有股权众筹平台 113 家，完成股权众筹交易额 54.76 亿元。[1] 但股权众筹公司股东成功退出的

---

[1] 上海交通大学互联网金融研究所：《2015 中国股权众筹行业发展报告》，https://www.docin.com/p-1387957034.html。

案例却少之又少，2015 年可以参考的成功退出案例仅有聚募众筹的 PP 基金和天使客的"积木旅行"。①通过对几大众筹网站的分析可以发现，各平台普遍的退出方式沿用了线下私募机构的退出方式，没有一家众筹平台明确规定股权众筹的退出方式，都是在线下寻求下一轮投资人，通过转让、并购、回购等惯用手段来安排众筹股东的退出。在股权众筹退出机制的探索中 36 氪做出了大胆的尝试，其于 2015 年 12 月 23 日推出的"下轮氪退"制度开创了股权众筹退出机制的先河。该机制一经推出就引起业内高度关注，被认为是众筹平台积极探索退出机制的大胆尝试。另外，京北众筹与北京股权交易中心通过战略合作，为已经股权众筹成功的企业提供挂牌及股权流转服务，也在一定程度上拓宽了股权众筹的退出渠道；云投汇则安排了隔轮退出的通道机制。②

虽然相关业界已对股权众筹的退出方式进行了尝试，但并没有从根本上改变股权众筹公司股东退出方式单一，退出周期过长的难题。造成这一困境的原因主要有以下几点：

首先，法律的限制。公开发行证券目前在我国受到法律严格的监管与限制，③再加之目前对股权众筹融资定性的不准确，使得股权众筹融资无法找到适合的退出渠道。中国证券业协会公布的《管理办法》征求意见稿及《场外证券业务备案管理办法》将"私募股权众筹"定性为"互联网非公开股权融资"。这一定性直接限制了股权众筹的退出方式。此外，《管理办法》征求意见稿中还特别强调："禁止众筹平台作为股权投资的退出渠道"，从而导致平台无法参与股权众筹的流转退出，限制了股权众筹融资的退出渠道。

其次，方式的局限。法律既然没有为新的退出方式留有余地，股权众筹公司股东的退出也只能依赖传统私募股权的退出方式如 IPO、

---

① 王阿娜：《股权众筹的退出方式探讨》，《中国集体经济》2016 年第 8 期。
② 崔敏：《股权众筹退出机制破冰》，《中国企业报》2016 年 1 月 12 日第 6 版。
③ 根据《证券法》第 10 条、第 12 条、《刑法》第 179 条以及相关司法解释，向不特定对象发行股票或者向特定对象发行股票累计超过 200 人的均为公开发行，而公开发行股票的，必须依法报经有关部门核准，否则属于擅自发行股票，数额巨大的，可能构成擅自发行股票罪。

并购、回购、股份转让等。但无论是哪种退出方式，对于处于初创阶段的公司都很难实现，投资人必须有足够的耐心等待公司获得成长，企盼公司能够尽快获得下一轮投资或成功被上市公司并购，这是最快的可以实现股权退出的方式。若等待股权众筹公司自身发展到成功上市，则需要更长的时间，承担更大的风险。因此，传统的退出方式对于股权众筹公司而言，周期过长，投资者所需要承担的风险更大。

最后，项目保护主义泛滥。股权众筹投资早期项目风险较大，许多创业项目很难走到上市。投资人在股权众筹公司前期需要承担巨大的风险，因此，经常会萌生退出的念头。一些股权众筹平台为了维持良好的业绩，股权众筹公司为了稳定投资者，避免因个别投资人不合时宜的退出，给项目整体发展带来不利影响，一开始就对投资人的自由退出进行了限制，比如约定时间之内不得退出，如需要退出必须整体退出即所有投资人以有限合伙的方式投资该项目，该有限合伙组织必须同进同退等。

退出机制的缺失造成的最直接的后果就是股权缺乏流动性。股权的流动是股权增值的主要方式，也是投资者获取投资回报的主要方式之一。股权众筹投资者如果无法通过股权的流动来获取投资回报，则意味着其需要承担更大的投资风险，这将抑制投资者再次投资股权众筹的积极性。对于股权众筹公司而言，股权无法自由流动会带来致命的弊端，公司无法吸引更具实力的投资者，无法寻求进一步的发展，甚至不得不面对股价下跌的尴尬局面。长此以往，整个股权众筹行业将陷入恶性循环的境地。

二 完善股权众筹公司股东退出机制的重要性

股权众筹起步较早的英美国家，股权众筹的退出机制已逐渐形成。如美国 Micro Ven‐Tures 平台上的 Republic Project，被 Digital Generation 收购从而实现股权众筹的成功退出。英国的私人茶品定制项目"5CUPS and Some Sugard"通过股份回购的方式实现了股权众筹股东的退出。荷兰以众筹平台为基础设立了股权交易系统，如在 Symbid 平台中众筹参与者可以向其他投资者转让股份。日本证券交易商协会为了实现众筹股权的转让也正在构建一个全新的交易系统。① 我国虽然目前还没有一套完善的股权众筹退出机制，但已经有众筹平台在探索各种不同的退出方式，如 36 氪推出的"下轮氪退"机制，以及京北众筹提出的股权众筹企业挂牌交易退出制度。股东投资公司是希望自己的资产能够获得升值空间，但如果股东的投资被禁锢于一个公司之内，即使升值空间再大，股东也无法实际获得收益，这无形中打击了股东的投资积极性。对于股权众筹公司这种股东人数众多且以中小投资者为主的公司而言，完善的股东退出机制更是十分必要。

首先，保护投资者利益。股权众筹公司得以存续的基础是众多众筹股东对公司及公司管理者的信任。众筹股东通常因参与公司管理成本的限制而将公司管理权委托他人（公司管理层）代为行使，但当众筹股东对公司管理者丧失信心时，退出公司也是股东必然的选择。股权众筹公司股东退出机制的完善对投资者利益的保护体现在两个方面：一方面避免了股东资本的固化，保证了众筹股东的收益权。众筹股东在符合一定的条件下可以通过退出公司来实现投资资本的收益，从而减少了因资本固化带来的损失，提高了股东投资的积极性。另一方面督促管理者充分考虑众筹投资者的利益，从而避免公司资本流失。当持有公司股份所能给股东带来的收益小于出让股份所带来的收益时，大部分股东会选择出让股份。因此为了保障公司股权的稳定性，保障控制权不被剥夺，必须在公司运营中充分考虑众筹投资者的利益，保障其对持股的信心。

其次，实现资本循环增值。资本在市场中不断流动的目的就是实现增值。同样股权众筹公司的股东将资本投入公司的目的也是资本的增值，而资本最快的增值方式就是使其具有一定的流动性。众筹股东在股权众筹公司的退出意味着一轮投资的结束，也意味着另一轮新的投资的开始。为了满足股权众筹公司现实发展的需要，在公司发展到一定程度时，在资本市场上将公司的股权进行变现，获取可观的利

---

① 王阿娜：《股权众筹的退出方式探讨》，《中国集体经济》2016 年第 22 期。

润，不但有利于公司的发展，也符合众筹股东的意愿。众筹股东通过投资—退出—再投资，实现自身资本的循环，在这个循环中投资者放弃不良投资，将更多的资本转向运营良好的企业，从而实现资本的循环增值。

最后，升级筹资渠道。股权众筹因其对投资项目的要求较低、成为创业型小微公司的首选，但并不意味着股权众筹公司不会引入其他投资渠道。毕竟股权众筹所能获得的资金、资源都是有限的，不利于公司的做大做强。任何一个公司在初创阶段都是一颗种子，但这并不妨碍其成长为参天大树。如股权众筹公司发展顺利，其也可能获得风险投资或天使投资的青睐，从而获得更大的投资，提升公司的发展空间。但引入更高层次的投资需要众筹股东的退出。一方面，众筹股东的退出可以使公司有足够的股权用于吸引投资者；另一方面，众筹股东的退出可以简化公司治理环境，为公司未来的发展打下良好的基础。

第二节 传统股东退出机制与股权众筹公司的契合性分析

前文已经将股权众筹与私募股权进行了比较，两者在资金募集方式和募集对象上都存在明显的不同，但基于我国现行法律的限制，股权众筹被认定为依托互联网的非公开股权融资，即认定股权众筹的私募性质。且《管理办法》征求意见稿还特别强调："禁止众筹平台作为股权投资的退出渠道"，从而导致平台无法参与股权众筹的流转退出，限制了股权众筹融资的退出渠道。

从实践来看，许多众筹项目寻求的退出渠道与传统的线下私募机构相同，这些传统的退出机制包括：上市退出、股权回购、清算等。这些传统股东退出机制在资本市场已经运行许久，并得到了实践的检验，但就股权众筹公司而言并非都能适用，下面就针对传统退出机制与股权众筹公司的特点对其契合性进行分析。

一 协议退出

根据《公司法》的规定,[①] 在有限责任公司中,股东内部可以自由转让股权,但股东对外股权的转让则受到一定程度的限制。从表面来看,协议转让退出方式既满足了股东退出的需要,也没有对公司的资本造成任何损害,似乎是一个不错的选择。但事实并非如此,协议转让的弊端在于其对象的确定性,股权转让的对象必须是公司股东或经公司股东过半数同意的人,这一限制性条件极大地降低了股权流动的可能性。如公司发展良好,基于资本的逐利性,股权很容易完成协议转让。一旦公司发展遇到困难,特别是存在控股股东的情况下,中小股东则很难从公司退出。因为一方面公司股东不愿意继续增加对公司的投资,不会主动提出购买股份;另一方面公司外部的购买者会基于公司管理难度和公司发展前景对购买股份的成本作出分析,如公司无法给其带来足够的利润,则对公司外部购买者而言无任何吸引力。

对于股权众筹公司而言,协议退出同样面临着现实的困境。就内部转让而言,股权众筹公司因筹资方式依托互联网,众筹股东地域分布广泛,互相之间缺乏联系与沟通,甚至众筹股东之间没有直接的沟通渠道,这也就造成了股权内部转让的第一个障碍。另外,股权众筹股东大都为风险承受能力较弱的普通投资者,其手中能够用来投资的资金十分有限,无法满足股权转让的需要,这也构成了股权内部转让的第二重障碍。加之股权众筹公司本身治理结构的复杂性,初创小微公司的地位,使得股权的外部转让同样面临对投资者吸引力度不够的风险。可见,在资本市场中协议退出方式只适用于发展势头良好,已被市场所认可的股权众筹公司,而对于处于创业初期、特别是对处于公司发展困难期的股权众筹公司而言并没有现实意义。

二 上市退出

随着公司的发展壮大,获得上市机会是为公司谋求更大发展空间

---

① 参见《公司法》第72条。

的有效路径。目前的资本运作中，公司上市可以利用证券市场的杠杆作用，使股票迅速升值，投资者在公司上市后退出也是其最佳的获利方式。我国公司上市有两种方式，一种为 IPO（initial public offerings）上市，另一种为借壳上市。IPO 上市是指公司首次通过证券交易发行股票的方式公开向社会募集资金。借壳上市是指融资企业本身不具备上市条件，但通过收购、资产置换等方式取得已上市公司（壳公司）的控股权，利用其上市公司的地位增发股票进行融资，以实现其上市的目的。但借壳上市需要大量的现金流和对壳资源充分的把握，对融资公司的要求较高。

公司上市对于股权投资者来说是一个绝佳的退出时机。首先，在公司上市后退出可以为投资者带来较高的收益。在公司初创阶段，投资者的投入资本都十分有限，但随着公司的发展壮大，投入公司的资本不断升值，特别是在公司完成上市后，资本可以被几倍甚至几十倍地放大。此时，如投资者想选择退出公司，便可以从资本市场上获得丰厚的收益。通过对私募股权 IPO 退出案例的分析可以发现境内退出案例数量远远超出境外退出案例的数量。通过对投资回报的账面分析可知："中小企业板退出案例的平均回报率为 5.7 倍，创业板的回报率为 5.8 倍，最高的为上海证券交易所可达 14.7 倍。"[①] 其次，公司上市能够证明投资者的投资能力，提升其投资经验和在投资领域的知名度。公司上市意味着其在经营管理及发展前景上都得到了市场的认可，未来公司的发展空间将大大提升。作为公司最初的投资者其所投资的公司上市成功是对其投资能力最大的肯定，特别是对于机构投资者而言，能够大幅度提升其在业界的知名度。最后，公司上市后必然会对公司的资产进行重组，为了公司发展的需要，公司需要引进更为专业的投资，此时就需要公司出让一定的股份，而一部分投资者又恰好有退出的意愿，两者虽出于不同的目的，但行为所达到的效果是相同的。

上市退出虽具有以上诸多优势，但对于股权众筹公司而言难以适

---

① 罗翠英：《私募股权基金退出方式研究》，《中国商界》（下半月）2010 年第 1 期。

用。原因在于：第一，门槛过高。在我国公司要想成功上市需要满足诸多严苛的条件，这对于现实中的股权众筹公司而言很难在短时间内达到。虽然很多股权众筹公司具有一定的发展潜力，但距离成长为上市公司还是有相当远的距离。第二，周期过长。公司上市的周期过于漫长，且不说前期公司漫长的自我发展完善期，即使仅从公司具备上市条件开始准备上市开始计算，也需要一个漫长的过程。在此期间公司还需要付出大量的人力、物力、财力为上市进行精心的准备。第三，限制过多。即使股东经过漫长的等待，终于迎来了公司的成功上市，其也不可以马上将手中升值的股票进行抛售。根据《证券法》的规定，为了维护证券市场的稳定，减少股票价格的波动，公司上市后股东手中的自由股票并不能立即在市场上抛售，而是必须经过一定的限售期，限售期满后才能够套现。在限售期内股权投资者的投资不但不能变现，而且要承担股票市场可能对其投资带来的各种风险。

三 新一轮融资退出

股权众筹为处于创业初期融资困难的小微企业提供了新的融资渠道。但基于股权众筹"草根金融"的特点，其参与者的风险承受能力有限，也注定了其不可能为融资公司融得大量的资金。随着股权众筹公司的发展，引入更为专业，风险承受能力更强，资金更为丰富的VC或PE是公司成长壮大的必经之路。当公司引入新一轮投资时，也是众筹股东退出的好时机。此时众筹股东的退出具有双赢的效果。对众筹股东来说，公司经过一定时期的发展，已经取得了一定的成绩，并能够成功引入新一轮投资，表明公司发展势头良好。众筹股东早期的投资已经实现了升值，此时退出不但可以获得一定的收益，也可以避免风险超出自身的承受能力。且通常获得下一轮投资的周期比公司上市所需周期要短，符合众筹股东投资期限较短的需要。对于股权众筹公司而言，在获得新一轮投资的同时允许众筹股东退出，有利于公司治理结构的简化，提高了公司治理的效率，增强了对风险投资机构的吸引力。

综上，允许股权众筹公司的众筹股东在新一轮融资时退出具有实际意义。实践中，已有股权众筹平台对这种退出方式进行了尝试：如36氪推出的"下轮氪退"机制，该机制规定：企业在选择采用"下轮氪退"机制进行融资时，本轮融资完成后的两年或三年内，本轮融资股东可以选择在该期限内的两次正式融资中退出该项目。天使客众筹平台也宣称其线上项目"积木旅行"于2015年10月获得了美国风险投资机构的风险投资，参与众筹的41位股东在公司获得风投后退出并获得了5倍的投资回报。新一轮融资退出对众筹股东来说虽是一种有效的退出渠道，但其对公司成长性、发展潜力、创业团队的能力等具有较强的依赖性，并非适用于所有的股权众筹公司。

四 并购退出

并购（merger & acquisition）即兼并和收购，兼并也称吸收合并是指由一家优势企业将另一家或多家企业吸收纳入其中，成为一家企业的过程；收购是指一家企业通过资本市场的运作获取了另一家公司全部或某一项目的所有权或是获取了对该公司的控制权。采取并购退出的企业通常是那些成长性良好、处于朝阳行业但无法采用上市退出渠道的企业。

并购退出与其他退出方式相比其优势在于：首先，周期较短，成本低。与上市退出相比，采取并购的方式退出减少了公司在准备上市时所花费的大量时间和成本，对于中小投资者来说可以通过并购快速将手中的股权变现。其次，操纵简单。并购退出只需与并购者进行谈判，商定价格即可。但上市退出需要面对整个市场，要完成套现退出需要对整个市场做出全面的分析，并需要具有一定的市场判断能力和较高的操作水平，一般投资者很难达到要求。但并购退出在现实中的适用并不广泛的原因在于：(1) 对公司发展潜力的要求较高。如公司所处的行业前景不佳，且行业集中度过高的话，公司的价值很可能会被低估，从而无法吸引潜在买家的注意。(2) 公司内部阻力较大。并购通常发生在同行业或同一产业链中，并购者希望通过并购扩大自己的市场占有份额，取得竞争优势。因此并购者大多希望掌握公司的控制权，这就对被并购公司原管理层的地位构成了威胁，公司并购提案会遭到管理层的极力反对。

并购退出对于股权众筹公司的众筹股东而言也具有一定的现实意义。(1) 并购条件灵活。并购的完成主要需要并购双方达成合意,因此其并没有具体的条件限制,可以发生在企业发展的任何阶段,适用于任何规模。对于股权众筹投资者而言因并购不涉及高昂的上市费用和漫长的等待周期,且手续简单方便,是一种不错的退出途径。(2) 并购能够带来较高的投资回报。并购方之所以要对目标企业实施并购是因其能够帮助并购方扩大市场份额或扩大企业规模,完善其产业链条,因此并购方也愿意支付较高的并购费用,投资者此时就可以获得较高的资本回报。[①] 但前提是众筹股东在退出时首先需要充分考虑到管理层的利益,使公司管理层不对并购进行阻挠。

五 股权回购退出

股权回购是指公司在满足一定的条件时可以对股东的股权进行回购,从而使股东退出公司。回购通常情况下分为:管理层回购、员工回购和公司回购。通常情况下双方会在投资时签订股权回购协议,约定回购的条件,当条件满足时,双方履行股权回购协议。当然,公司运行中也可能出现大股东为保持公司控制权而回购中小股东股权的情况。股权回购在实践中具有以下优势:第一,股权回购能够提高公司治理效率。在回购政策的激励下,公司管理层与员工都能够积极地参与公司治理,提高各自的业务水平,以保障回购条件的满足。同时也有效降低了公司治理中的代理成本问题,保障了公司资金的稳定性。第二,股权回购操作简单。不同于其他形式的公司并购,股权回购只涉及公司内部人员,其实施过程较为简便,易于操作,最大限度地避免了管理层阻挠现象的发生。[②] 股权回购也存在不可避免的缺陷:首先,我国《公司法》基于"资本维持原则",原则上禁止公司回购自身的股份。这就给股东回购退出的自由度带来了一定的限制。其次,

---

① 人民银行天津分行课题组:《国外私募股权投资基金的交易退出制度及其借鉴》,《华北金融》2009 年第 6 期。

② 宋亮:《中国私募股权退出方式研究》,《改革与开放》2011 年第 7 期。

因股权回购退出仅发生在公司内部,且通常是由管理层回购中小股东的股份,因对公司信息掌握的不对称,管理层很可能恶意压低股价,给中小股东造成不必要的损失。在股权众筹公司中,也存在这种明显的信息不对称现象,且相对于众筹股东的投资额而言,维权花费的成本过高,使得许多众筹股东即使知道存在公司管理层利用信息优势侵害了其合法权益也无力维权。

六 清算退出

清算退出包括公司解散清算和公司破产清算。公司进行清算意味着公司的发展受到了严重的阻碍,继续维持经营可能会给投资人带来更大的损失。

公司解散清算是指公司解散时进行的清算,目的是防止公司解散带来更大的财产损害,将损失控制在可控范围之内。公司解散的原因可以分为可抗因素和不可抗因素,可抗因素主要指人为因素,比如公司因管理不到位而陷入经营危机;或因产品没有得到市场的接纳而入不敷出,或公司发展过程中因资金周转问题而陷入僵局等。不可抗因素则是指自然灾害、战争,或法律政策等不以人的意志为转移的外在因素所导致公司走向灭亡。[①] 对于股权众筹股东而言,虽然因各种法律程序的限制,解散清算的过程耗时较长,但却是其面临投资失败时最为有效的止损方式。

公司破产清算是指当公司因资不抵债而进入破产程序后,由法院组织相关人员成立清算组对公司财产进行清理和分配。公司进入破产清算程序意味着其已经存在资不抵债的事实,因此投资者很可能已经无法收回自己的投资,更谈不上获得收益。对于任何一种投资者而言公司破产意味着投资的失败,投资资金的损失。按照《破产法》的规定,公司股东在破产清算中仅对公司剩余财产享有请求分配的权利,但通常情况下在公司清偿完所有债务,缴清税款及相关费用后,已经很难再有剩余财产。因此,对于股权众筹股东而言破产清算并非正常

[①] 史际春、温烨、邓峰:《企业和公司法》,中国人民大学出版社 2003 年版,第 39 页。

的退出方式，而是在无奈下的选择，无论其投资多或少都已经付诸东流。

第三节　股权众筹公司股东退出机制的构建

现有的股东退出制度对股权众筹公司具有一定的借鉴意义，但其局限性也十分明显。股权众筹公司的股东尤其是众筹股东因风险承受能力的限制，通常对股权投资金额，投资时间和投资回报有一定的要求。完善的股东退出机制不仅对于保护众筹股东的利益，顺利实现投资回报具有一定的保障作用，而且对于促进股权众筹行业的健康发展，帮助提升股权众筹公司的价值具有推动作用。

一　健全股权众筹公司股东退出相关法律法规

（一）加快股权众筹专项立法

股权众筹虽在我国已有了一定的发展，但立法处于相对落后的状态。仅在2014年公布了《私募股权众筹融资管理办法（试行）（征求意见稿）》，随后各相关部委颁布了《关于促进互联网金融健康发展的指导意见》。《私募股权众筹融资管理办法（试行）（征求意见稿）》的问世意味着立法者已经认识到股权众筹行业的立法不足，《管理办法》征求意见稿正是为了弥补这一立法空白，结束股权众筹行业长期以来无法可依的混乱状态。但遗憾的是因其内容与股权众筹行业的实际存在较大出入，不但没有得到股权众筹从业者的拥护，也受到了诸多学者的抨击，导致至今该《管理办法》征求意见稿也未正式出台。《关于促进互联网金融健康发展的指导意见》中更是将股权众筹定性为"依托互联网的非公开股权融资"，这一定性不符合股权众筹的本性，严重阻碍了股权众筹行业的健康发展。

目前，我国股权众筹专项立法工作的主要任务不是如何将股权众筹限制在我国已有的法律框架内，而是应该结合股权众筹的特点与实际运行中存在的问题进行法律创新。股权众筹专项立法中应当包括：股权众筹的性质认定，股权众筹平台的地位与服务范围，股权众筹投资者资格的认定，股权众筹投资者的退出机制等必要内容。特别是应针对股权众筹公司的特殊情况颁布专门的法规，对股权众筹公司的发起、运作、退出等相关制度进行具体规定，为股权众筹公司提供法律依据和规范。

（二）协调与现有法律的冲突

1. 与《证券法》冲突的协调

股权众筹公司选择上市退出机制与现行的《证券法》主要存在三个方面的冲突。第一，上市条件。根据《证券法》的规定，公司上市需要满足诸多条件，仅就股本来说股份有限公司的净资产不低于人民币3000万元，有限责任公司的净资产不低于人民币6000万元。鉴于股权众筹公司大都是处于创业阶段的中小企业，想要满足该上市的条件必须经过长时间的积累，对股权众筹投资者来说这个等待的过程无疑增加了投资风险。第二，证监会审批。证监会作为我国证券市场的监管机构，肩负着政策制定、市场监管等重要职能。最初，我国股票发行采取的是审批制，证监会直接掌握着股票发行的审批权。如今审批制已被核准制所取代，但在当前法律对发行条件的规定并非十分具体明确的情况下，负责核准的机关仍具有较大的自由裁量权。[①] 且证监会在进行核准时还会受到宏观调控、个体偏好及权力寻租[②]的影响，这都给股权众筹公司的上市造成了一定的障碍。第三，锁定期规定。为了保持证券市场的稳定性，防止原始股东恶意套现，《证券法》不但对公司管理人员及持股超过5%的股东的股权交易进行了严格的限制，并规定在公司上市一年内不得进行交易，上海和深圳两地证券交易所还规定，自公司股票上市的36个月内，控股股东和实际控制人不得转让发行人首次公开发行前已经发行的股票。较长的锁定期同样增加了股权众筹公司股东投资的风险性。

因此，股权众筹公司股东如若寻求上市退出，为了尽可能减少股东长时间等待所带来的投资风险，《证券法》应对公司的上市条件进行适当的放宽，证监会应制定准确详细可操作性强的股权众筹公司上

[①] 朱锦清：《证券法学》，北京大学出版社2007年版，第76—77页。

[②] 李政辉：《析私募股权基金退出的制度障碍》，《中国商法年刊》2008年第1期。

市核准细则，同时缩短股票的锁定期。

2. 与《公司法》冲突的协调

《公司法》与股权众筹公司的股权回购退出机制存在较大的冲突。根据资本维持的原则，我国《公司法》对公司回购股份采取的态度是"原则禁止，例外允许"。股权回购退出在现实中有两种方式：第一种，法定的回购。我国《公司法》第 74 条规定在有限责任公司中，对股东会下述决议之一投反对票的股东可以请求公司按照合理的价格收购其股权：（1）公司连续五年不向股东分配利润，而公司该五年连续盈利，并且符合分配利润条件的；（2）公司合并、分立、转让主要财产的；（3）公司章程规定的营业期限届满或者章程规定的其他解散事由出现，股东会会议通过决议修改章程使公司存续的。该规定在实践操作中存在"分红条件苛刻""内容不够详尽操作性不强""合理回购价格难以确定"等现实问题。为保障该退出机制的顺利运行，《公司法》应对该条文进行适当的修改：将分红条件的时间缩短为三年，将连续盈利改为累计盈利。① 增强条文的可操作性，如对转让主要财产明确为"公司转让全部财产或者对经营存续产生重大影响的核心资产"②，合理价格的确定应本着保护中小投资者利益的原则，制定明确的价格确定标准和程序。第二种，约定的回购。这种回购方式主要是依据公司与股东签订的回购协议完成退出。回购协议在签订时需要本着平等自愿的原则，双方约定在满足一定的条件时由企业管理层或者股东进行回购。除了规定时间作为条件外，很多股权众筹公司与股东的回购协议会涉及对赌协议，对赌协议虽是对未来公司发展估值的修正，但却容易引发公平性的争议。对此应对对赌协议进行正确的定位，其"可以归结为与附生效条件合同貌合神离而贴近射幸合同的非典型合同"③，股权众筹公司在签订对赌协议时应注重企业的自我评

---

① 刘俊海：《新公司法的制度创新：立法争点与解释难点》，法律出版社 2006 年版，第 38 页。

② 窦靖伟、李晓沛：《论封闭性股份有限公司股东股份回购请求权的保护——兼议〈公司法〉第一百四十三条第四款的完善》，《南阳师范学院学报》（社会科学版）2014 年第 1 期。

③ 傅穹：《对赌协议的法律构造与定性观察》，《政法论丛》2011 年第 6 期。

估，协议签订后应尽最大努力实现企业价值的增值，并同时做好"愿赌服输"的准备。

3. 与《破产法》冲突的协调

破产退出作为股权众筹股东最后的退出方式，理应起到保障众筹股东权益，减少众筹股东损失的作用。但事实上《破产法》并未将股东的权益考虑在内。首先，破产条件的设置极为严格。我国公司申请破产需要满足"到期不能清偿债务且资不抵债"双重标准。将不能清偿到期债务与资不抵债并列适用容易造成逻辑上的混乱，资不抵债包括了不能清偿到期债务的情况，两者属于整体与部分的关系，不易并列适用。且根据国际惯例，公司只需满足不能清偿到期债务就可以申请破产。至于是否存在资不抵债，应属于清算过程中发现支持破产的事实证据。其次，破产申请人范围限制。根据《破产法》第7条的规定，仅有债务人、债权人和清算责任人有权提出破产申请，公司股东没有申请破产的权利。可见在破产退出这一方式中，股东完全处于被动的状态。即便法律赋予了拥有公司10%以上股份的股东在面临公司经营上的困境，无法通过其他途径解决时，可以申请法院解散公司的权利，但对于中小股东来说仍处于被动的地位，且《最高人民法院关于适用〈中华人民共和国公司法〉若干问题的规定（二）》中明确规定法院不会受理股东以公司亏损、财产不足以偿还全部债务为由提起的解散公司的诉讼。可见股权众筹公司的股东尤其是中小股东在公司经营发生困难的情况下，退出方式十分的被动。

为了更好地保护股权众筹公司中中小股东的合法权益，《破产法》在破产申请条件及申请主体方面应进行适当的调整。破产申请条件应适用国际惯例以"不能清偿到期债务"为唯一标准，破产申请人中增加公司的小股东，为了避免小股东滥用破产申请权以达到退出的目的，申请公司破产的小股东应满足持股时间两年以上，且合计持股达5%以上的限制条件。

二 构建多层次资本市场体系

股权众筹公司股东退出机制的完善除需要通过立法协调其与传统

退出机制的冲突外，更重要的是构建多层次资本市场。股权众筹公司大多规模较小，风险性较大，相对于传统的场内交易方式，场外交易更加方便灵活。构建多层次资本市场可以满足处于不同发展阶段股权众筹公司的需求，使投资者在公司的任何发展阶段都能找到相应的退出渠道，降低股权众筹投资者的投资风险，激发其对股权众筹投资的积极性，保护整个股权众筹行业的健康发展。现阶段，我国多层次资本市场包括场内市场与场外市场。场内市场是主板市场（含中小企业板）及创业板。场外市场指新三板即全国中小企业股份转让系统、区域性股权交易市场以及证券公司主导的柜台市场等。股权众筹公司的股权转让就应该依托已有的资本市场，同时开拓专属的资本市场。

（一）依托已有的资本市场

在已有的资本市场中，场内市场对挂牌上市交易的要求较高，对股权众筹公司而言短期内很难实现，但场外市场能够为之所用，尤其是以关注中小企业、创业企业为主的新三板和区域性股权交易市场。

"新三板"是业界对"中关村科技园区非上市股份有限公司代办股份报价转让系统"的简称。2006年1月正式推出，但由于其区域的局限性，公司性质的单一性导致该市场股票流动性较差。随后2012年9月中国证监会与北京、上海、天津、湖北省四地政府分别签署了新三板扩大试点合作备忘录，四个高新技术科技园区的企业均可以在新三板挂牌并交易。2013年年初新三板正式更名为全国中小企业股份转让系统，标志全国性的场外市场建设已经完成试点工作开始走向正式规范运营。新三板市场作为场外市场其服务具有鲜明的特点："处于创业阶段的创新性，成长型小微企业是其主要的服务对象；为了鼓励该类企业的发展，新三板对于上市的要求已经降到了最低标准，企业的挂牌不再进行财务门槛限制，对信息披露的要求也较为宽松。其目的是形成一个以机构投资者为主体的证券交易场所。"[1] 新三板的这一特点恰好符合股权众筹公司的需要，且已有股权众筹公司在进行新三板挂牌尝试。

---

[1] 宋晓刚：《新三板市场发展的特征、动因及启示》，《证券市场导报》2015年第11期。

区域性股权交易市场又被称为"四板市场",是我国多层次资本市场中最为基础的股权交易市场,主要为需要融资服务的小微企业提供股权或债券转让服务。我国第一家区域性股权交易市场诞生于天津,随后重庆、上海、山东等地的区域性股权交易市场纷纷设立,目前已基本形成"一省一市场"的格局。区域性股权交易市场是为特定区域内的企业提供股权、债权的转让和融资服务的私募市场,该市场能够为小微企业提供股权交易和融资服务,对于创新型企业尤为青睐。同时该市场也能够充分调动民间资本的积极性,有利于民间资本的顺利融通。[①] 股权众筹同样是服务于中小型创业企业的新型融资方式,其与区域性股权交易市场在服务对象,服务内容,最终目标等方面是一致的,区域性股权交易市场的低门槛设置也极大方便了股权众筹公司的进入,可以预见区域性股权交易市场将会成为股权众筹股东退出的主要方式。

(二) 股权众筹专属市场构建

已有的资本市场能够在一定程度上解决股权众筹公司退出难的问题,但要彻底解决问题还需要在股权众筹行业内部寻找出路。最为直接也最为有效的退出机制就是构建股权众筹专属的资本市场,使股权众筹资金在整个股权众筹行业内部实现循环增值。

所谓多层次的资本市场是指为适应企业发展不同阶段对融资的不同需求而设立的资本市场。企业的发展形势多种多样,对资本市场的需求也就千变万化,随着企业形态的增加,已有的资本市场不可能满足其融资的需要,因此资本市场也应随着企业的发展而不断进行自我完善。加之,我国所谓的多层次资本市场并非在市场运行中自发形成,而是由政府主管部门构建而成。因此各级资本市场之间难免存在间隙,从而使资本流通存在现实的障碍。股权众筹这一新兴的融资模式,正处于现有多层次资本市场的盲区。已有的资本市场对于股权众筹公司而言,要么望尘莫及,要么流动性不足,无法真正解决股权众筹公司股权流通的目的。基于以上原因,在股权众筹发展势头迅猛的

---

① 《关于规范证券公司参与区域性股权交易市场的指导意见(试行)》。

今天，有必要构建一个专属于股权众筹公司的股权交易市场。该市场的服务对象即通过股权众筹融资而设立的公司，股权众筹股权交易市场可以为其提供信息咨询、企业宣传、股权转让等相关内容的服务。

根据《股权众筹融资管理办法（试行）（征求意见稿）》的规定，股权众筹平台不得提供股权转让服务。这一规定的目的是减少股权众筹的风险性，避免资金池的产生，但同时也抑制了投资者通过平台进行股权转让、盘活资金的合理需求。事实上，股权众筹平台是股权众筹公司股权流通最佳的媒介。首先，众筹平台熟知公司情况，因为在进行股权融资的过程中，公司的创始人即将公司的发展规划、人员构成等重要信息对平台进行了披露，并经过了平台的审核。其次，众筹平台拥有丰富的投资者资源，除在平台注册成功的投资者外，众筹平台还拥有大量潜在的投资者，且他们大都对股权众筹行业充满信心与投资的热情，除了初创投资外，众筹股权的转让也能够吸引其进行投资。最后，平台自身的沟通优势。众筹平台作为一个依托互联网的融资媒介，其本身在信息沟通上就占据优势，其可以利用平台搭建起股权众筹公司与融资者之间的桥梁，帮助潜在投资者与股权众筹公司完成股权转让。

第六章　股权众筹公司监管制度的重构

在新的金融时代，股权众筹作为依托互联网而生的普惠金融，能够在短时期内得到迅速的发展，依靠的是其独特定位对当今市场需要的迎合。对创业公司而言，股权众筹为其提供了一条新的融资渠道，解决了传统融资方式难以企及的难题。对于投资者而言，股权众筹丰富了金融市场的参与方式，扩大了投资者的范围。但在带来诸多优势的同时，股权众筹也带来了难以预测的风险。为了将股权众筹的风险性降到最低，使股权众筹最大限度地发挥其融资优势，必须设立相应的行之有效的监管制度。作为股权众筹最终结果的体现，股权众筹公司良性发展才能保障整个股权众筹行业的持续发展。因此，除了对股权众筹行业的监管外，对股权众筹公司的监管也应予以充分的重视。

第一节　股权众筹公司监管制度的现状

公司作为市场经济中独立的商事主体，在私法自治的范围内公司可以自行决定其组织机构设置及经营管理等相关内容。但同时，市场经济中的任何主体也应在一定的规则下运行，监管制度就是一种保证市场有序运行的规则，因此作为市场主体的公司也就不可避免地要受到一定程度的监管。

一　股权众筹公司的监管现状

股权众筹在我国诞生的时间不长，股权众筹公司出现的时间更是十分有限。目前针对股权众筹监管的专项法规还处于酝酿当中，对股权众筹公司的监管更是无暇顾及,因此当前股权众筹公司的监管措施主要来自已有法律法规的相关规定。

(一) 证券法领域的监管

《证券法》对股权众筹公司的监管主要体现在其对公开发行的规定中。根据《证券法》的规定,① 公开发行证券必须经过审批核准。非公开发行不得面向不特定对象,累计发行也不得超过200人。在该规则的限制下,因股权众筹不属于公开发行证券,股权众筹公司在融资的过程中就必须要接受一定的限制,如不得向不特定的对象募集资金,向特定对象募集资金累计不得超过200人。

(二) 公司法领域的监管

《公司法》对股权众筹公司的监管主要体现在公司制度本身的内在要求。首先,《公司法》对股权众筹公司的形式进行了限制。根据《公司法》的规定股权众筹公司若选择有限责任公司形式,股东人数不得超过50人。即使股权众筹公司选择股份有限公司形式,其发起人数量也不得超过200人。其次,《公司法》对公司制度的规定。出于维护交易安全的需要,我国《公司法》设立了一整套公司监管制度体系,该体系以资本监管为核心,其他监管手段联合并用。其中主要的资本监管手段为:(1) 认缴资本制;(2) 股东出资形式法定主义;(3) 无形资产出资最高比例限制;(4) 禁止股份折价发行和股份回购;(5) 公司转投资的比例限制制度;(6) 公司变更、改组过程中的债权人异议程序;(7) 法定公积金制度;(8) 公司清算制度。除了资本监管手段以外,《公司法》还规定了非资本监管手段,如股东大会制度、监事会制度等。

(三) 相关法规的监管

除《证券法》《公司法》的相关规定对股权众筹公司具有一定的

---

① 《证券法》第10条:"公开发行证券,必须符合法律、行政法规规定的条件,并依法报经国务院证券监督管理机构或者国务院授权的部门核准;未经依法核准,任何单位和个人不得公开发行证券。有下列情形之一的,为公开发行:(一) 向不特定对象发行证券的;(二) 向特定对象发行证券累计超过二百人的;(三) 法律、行政法规规定的其他发行行为。"

监管作用外,一些法规、部门规章、行业自律规范,也起到了一定的监管作用。如《国务院关于全国中小企业股份转让系统有关问题的决定》《国务院关于开展优先股试点的指导意见》《国务院办公厅关于严厉打击非法发行证券和非法经营证券业务有关问题的通知》《非上市公众公司监督管理办法》《全国中小企业股份转让系统有限责任公司管理暂行办法》等。

二 监管现状的成因

任何现象的产生都有其一定的原因,通过对原因的分析可以帮助我们找到解决问题的正确方法。股权众筹公司的监管之所以一直处于相对滞后的状态主要有以下三个方面的原因。

(一) 立法滞后

"社会变化,从典型意义上讲,要比法律变化快。"[1] 立法的滞后在一定程度上来说是无法避免的,这是法律本身的规范性所带来的弊端。立法的滞后性首先是法律的相对稳定性与社会的无限变动性的矛盾运动的结果。其次,立法的滞后性也与法律预测的有限性有关。法律预测活动是人的一种认识活动,由于它是对未来时限的对象进行概率性的判断,而事物发展具有随机性、任意性,因而法律预测功能弱化是正常的。法律的派生性也是法律滞后性产生的重要原因。法律不是原本的社会存在,而是社会的派生物。[2] 法律是上层建筑的一部分,作为上层建筑的法律需要具有一定的稳定性,其不可能对新事物做出迅速的反应,这也就导致在现实中,任何新事物在等待法律对其进行规范的过程中,总是需要一个阶段的等待。股权众筹公司作为依托股权众筹所诞生的新型公司形式,其与传统公司制度在很多内容上存在冲突,需要法律法规来对其进行专门的规定,但基于立法的滞后性,目前其尚处于监管的盲区。

---

[1] Harry W. Jones, "The Creative Power and Function of Law in Historical Perspective", *Vanderbilt Law Review*, Vol. 135, No. 17, 1963, p. 139.

[2] 殷冬水:《法律滞后三论》,《行政与法》1998年第2期。

（二）价值冲突

"价值这个普遍的概念是从人们对待满足他们需要的外界物的关系中产生的。"① 通常包括公平、平等、效率、安全和秩序等内容。各价值之间本身不存在冲突之处，但将其置于人类社会活动中后，由于人的价值取向及维护自身利益的需要使得价值之间产生了冲突。任何一项制度都是在不断的价值冲突、博弈与协调中形成、发展和完善的。立法者作为制度的制定者必须充分考虑公共利益的维护，但公共利益的内涵极其丰富，凡是与公众相关的经济社会环境等都可以称为公共利益。一项制度的设立必须有其价值目标，即其预期能够实现的核心价值，因为社会资源是有限的，任何一项制度都不可能将所有的公共利益包含在内，其只能从中选择一二来重点维护。股权众筹作为新兴融资方式解决了中小企业的融资困难，但同时也增加了投资者的投资风险，如何在两种利益价值之间进行选择，是立法者亟须解决的问题。因此，可以说价值冲突影响着股权众筹公司有关制度的设计和执行过程，成为股权众筹公司监管制度形成的重要原因。

（三）路径依赖

最初，路径依赖用以解释技术进步。后来，诺斯将该理论引入制度变迁的分析中。诺斯认为："一种经济制度由于某些历史性事件的发生而形成，在制度的形成过程中往往付出了巨额的成本，即使其他的经济制度更具有经济的合理性或更有效率，要废除这一由历史性事件的先行发生而形成的经济制度，选择一种新的经济制度是非常困难的，经济制度的形成和发展往往具有路径依赖的特征。"② 长期以来我国采取的金融抑制政策导致我国民间资本过剩，股权众筹为剩余民间资本提供了一个可行的出路。但根据路径依赖理论，几十年来我国政府对金融市场的严格管控，也直接影响了股权众筹公司的监管制度设置。在缺乏法律支撑、监管制度又过于严苛的情况下，留给依赖型金融模式所组建起来的股权众筹公司的发展空间就极其有限。事实上，

---

① 《马克思恩格斯选集》第2卷，人民出版社1995年版，第79页。
② 参见陈国进《日本金融制度变迁的路径依赖和适应效率》，《金融研究》2001年第12期。

作为一种依赖新型金融模式组建的公司，其更需要的是有利的法律支持和适当的成长空间。

三 监管制度的重构

股权众筹公司的健康发展离不开完善而有效的制度供给和长效机制的建立，其中监管制度发挥着重大作用。具体来说，只有获得法律层面的认可，实现融资过程的合法合规，股权众筹才能在资本市场的土壤上落地生根并开花结果，股权众筹公司也才能取得长足的发展。同时，股权众筹公司因融资模式的特殊性牵涉的利益群体较广，风险隐患复杂繁多，既需要在公司利益和投资者的利益保护中寻求平衡，又需要在网络融资的便捷性和交易的安全性中找到契合点。换言之，股权众筹公司在谋求自身发展的同时，更应注重投资者利益的保护，因此监管制度的构建显得尤为重要。

（一）监管制度重构的目标

由于股权众筹在解决中小企业融资困难，促进大众创业方面具有明显的优势，因此各国对股权众筹都采取了支持或默许的态度，我国也不例外。但股权众筹又游离于现有的监管体系之外，致使其无法发挥应有的融资功效。股权众筹一方面能够弥补传统融资渠道的缺陷，鼓励中小企业的发展，促进技术创新与进步；另一方面股权众筹也可能给中小投资者带来投资风险，增加了资本市场的不稳定性。[1] 这种两难的局面其实就是法律上存在的价值冲突：提高中小企业融资的成功率，追求技术创新发展是对效率价值的追求；维护投资者的合法权益保证投资的安全进而维护整个金融市场的稳定，是对安全价值的追求。如何实现效率与安全两个价值之间的利益平衡正是监管制度构建的目标所在。价值衡量的标准在不同的条件下有所不同，在当前我国市场经济条件下，股权众筹公司在发展中必然会追求效率优先原则，但这不能以牺牲安全为代价。股权众筹公司的监管制度就是为了帮助股权众筹公司在发展中寻找到效率与安全的平衡点，实现安全与效率

---

[1] 韩国栋、麦志英：《股权众筹融资的监管逻辑及国际经验》，《宁夏社会科学》2016年第1期。

的统一。

(二) 监管制度重构的方式

在构建监管制度之前，首先应当确定监管的基本原理，是采取规则导向性监管①还是原则导向性监管②。这两种监管方式在当前的国际金融监管体系中较为普遍，随着市场经济的深入，原则导向监管的优势更加明显地显现出来，其能够更加贴合市场经济的运行规律，兼顾灵活性与稳定性的需求，已经成为目前金融监管领域最为普遍的选择。马克思曾经论述："要克服资本主义经济的盲目性和混乱状态，有计划的自觉组织要在客观经济规律的基础上，对社会生产过程进行有意识的社会监督和调节"。③ 股权众筹公司作为一个新兴事物，为了防止其盲目发展给经济秩序带来的不利影响，法律应对其运行进行监管。但根据原则导向监管的特点，对股权众筹公司的监管应做到内外结合，宽严适度，在实现监管目的的基础上尽可能给其留下更多的自由空间，以发挥其在促进民间资本流通，鼓励创业，提升国家创造力方面的优势。

第二节 股权众筹公司的外部监管制度重构

公司监管在公司漫长的发展历史中占据了极其重要的位置，为了维持公司的正常运行，防止公司控制者攫取个人私利，各国公司法均根据国情需要设立了相应的监管制度。公司监管通常采取内外结合的方式进行，内部监管主要依靠公司内部力量完成，如股东、监事会、职工等都有权利对公司的相关事务进行监督与管理，其是公司内部权力制衡的表现。外部监督则依赖公司以外的监管力量来完成，如国家规章制度、市场经济规律等。外部监管属于间接监管手段，其并不直

---

① 规则导向监管注重整套金融监管法律、法规的运用，重点关注行为的合规性，而为金融机构和监管机构的主观判断与灵活调整留有的空间非常有限。

② 原则导向监管则重视既定监管目标的实现，意为整体金融业务的发展和消费者实现更大的利益提供空间。

③ 《马克思恩格斯选集》第3卷，人民出版社1997年版，第83页。

接干预公司内部权力的配置,而是通过外部条件来影响公司内部权力的配置。随着公司外部监管理论的不断完善,外部监督方式也在不断完善,在股权众筹公司外部监管制度的构建中,除传统的行政监管手段外,还需要创新监管方式,完善监管体系。

一 公权力监管制度

股权众筹公司作为市场经济的主体,必然会受到国家公权力的监督与管理,这是国家宏观调控的必要手段。

(一) 立法监管

股权众筹公司作为依托股权众筹而生的新型公司形式,其在设立、运行及治理、监管等方面与现行法律法规的规定存在冲突之处。为了更好地促进股权众筹公司的健康发展,稳定股权众筹融资市场,满足广大创业者的融资需求,立法机关应尽快解决股权众筹公司无法可依、无人监管的状态。根据股权众筹公司的特点,国务院可以部门规章或专项法规的形式为其设置专门的监管法规,明确股权众筹公司的性质、设立方式、治理模式、监督机制等。相关部门可以针对该法规制定详细的实施细则,从而保证股权众筹公司在法律的框架下运行。

(二) 司法监管

此处的司法指的是广义的概念,包括了执法与司法。司法主要指法院在进行法律适用时对股权众筹公司的监管,其可以贯穿公司从诞生至消亡的整个过程,包括了对股权众筹公司设立、经营、退出消灭的监督与管理。但因司法采取的是被动原则,其监管权只有在有人进行申诉的情况下才能够得以体现。相比而言执法就具有了一定的主动性,执法机关可以根据市场需要主动对股权众筹公司进行监管。执法监管是否能够达到应有的效果,关键在于执法机关是否得力。股权众筹公司监管的执法机关必须具有一定的威慑力,并有足够的精力专注于该项工作。根据股权众筹公司与股权众筹这种融资方式的天然联系,可将股权众筹公司的监管权限交由证监会分配。因证监会本身的监管责任较重,无暇顾及股权众筹公司,且因股权众筹公司通常属于初创小微企业，与公司当地的地方政府联系密切，因此可将对其监管的权限下放至各地方政府的金融办。

二 市场自律监管制度

股权众筹公司的监管采取的是原则导向监管，其目的是给股权众筹公司留下更大的发展空间。公权力监管虽具有效力高，执行力强的优点，但因其为间接、制度性的监管，常常带有滞后性且监管力度难以把控。市场自身的监管仍然是股权众筹公司最佳的监管方式。这种来自市场自律的监管制度更为广泛、直接且效果显著。

(一) 信息披露制度。

"公开制度作为现代社会与产业弊病的矫正政策而被推崇，阳光是最好的防腐剂，灯光是最有效的警察。"[1] 股权众筹公司因准金融属性和互联网方式的介入导致众筹股东与公司控制人之间存在严重的信息不对称，要解决这一问题，使公司的运行处于有效的监管之下，必须建立信息披露制度。

我国现有的强制信息披露制度，主要应用于证券金融市场。股权众筹公司虽与金融市场具有直接联系，但却并不完全适用该强制信息披露制度。首先，成本限制。当前证券市场的强制信息披露制度，对公司的披露信息规定复杂且苛刻，这就意味着需要支出巨额的费用和时间成本，对于处于创业阶段的股权众筹公司而言难以承担如此高昂的成本。其次，效果限制。信息披露的目的是保护股权众筹投资者，但事实上因股权众筹所融资本通常数额不大，专业机构和证券分析师鲜有兴趣对其披露内容进行分析和解读，[2] 而作为众筹股东大多对公司财务报表之类专业性较强的报告力不从心，因此很难达到应有的监管效果。

股权众筹公司的信息披露制度不能直接照搬上市公司的强制信息

---

[1] L. D. Brandeis, "Other People's Money and How the Bankers Use it", Montana: Kessinger Publishing, 2009, p. 62.

[2] 吴志国、宋鹏程、赵京：《资本市场监管：平衡的艺术——美国众筹融资监管思路的启示》，《征信》2014年第3期。

披露制度，而应针对其特点进行设计。第一，披露主体。股权众筹公司信息披露的主体应该明确为中小微企业、初创企业及其发起人。第二，披露的内容。股权众筹公司资金的使用情况、项目动态，以及其他可能影响投资者权益的重大信息应及时进行动态披露，另外有关产品的销售情况、公司的盈利能力以及管理者素质、高管薪酬等也应进行及时的披露。第三，披露方式。为了节约信息披露成本，股权众筹公司可利用众筹平台完成信息披露，众筹平台可以专门为股权众筹公司开辟信息披露专区，实现信息披露方式的简化。第四，信息披露奖励机制。为了鼓励股权众筹公司主动披露相关信息，相关主管部门可以设立信息披露奖励制度，对积极进行信息披露的股权众筹公司给予一定的奖励，该奖励可以包括税收减免、政策扶持、人才倾斜等。

（二）中介机构监管制度

中介机构是市场经济发展到一定阶段的产物。随着市场经济的不断发展完善，我国的市场中介机构在种类、规模、数量、服务领域等方面也取得了巨大的进步。中介机构本身不具备监督股权众筹公司的权能，但因其在专业领域的优势和市场监管的现实需要，法律可以赋予相关中介机构监管的职能，构建中介机构监管制度体系。

随着中介机构的健全与完善，政府可将部分的监管职能进行分化，由中介机构代为行使。中介机构监管制度的构建主要基于两个理由：第一，中介机构自身的特点。随着社会分工的细化，中介机构通常需要掌握一定的专业知识，这些专业知识恰好又是公司所急需的，因此中介机构具备了介入公司的基础。中介机构掌握的专业知识涉及法律、财务、审计、投资等诸多与公司经营息息相关的内容，具有较高的权威性。且从地位上来讲，中介机构具有较强的独立性，其收益既不来源于政府主管部门，也不来源于公司，因此其在进行监管时能够保持中立的立场。中介机构在监管的过程中可以利用其专业特长，降低监管成本，为公司和国家节省监管费用开支。第二，公权力监管的弊端。在市场经济的条件下，公权力监管的力度是有限的，其不可能渗透公司运营的每个环节。随着政府职能的转变，政府对市场主体的监管已经由直接转为间接，政府只会在宏观上进行把控。特别是在公司运行中一些具体事务的监管将交由那些具备一定专业知识的中介机构来承担。①

根据股权众筹公司的发展需要,主管部门可以指定具有相应资质的中介机构对股权众筹公司的运行、财务状况、法律事务等提供专业的监督管理。(1) 股权众筹平台的监管。股权众筹平台作为股权众筹公司的融资平台,掌握了大量与公司相关的信息,由其对股权众筹公司进行外部监管具有资源上的优势。(2) 会计师事务所的监管。公司监管的关键在于防止大股东攫取不当利益,而监管的重点就是公司的财务报告。对于缺乏财会专业知识的众筹股东而言,很难看出财务报告的问题所在,而会计师事务所的专业人员具备这种能力,因此赋予会计师事务所监督管理权有利于提高公司监管的效力。(3) 律师事务所的监管。股权众筹公司的运作过程中需要涉及诸多的法律事务,由律师事务所对公司的法律事务进行专项监管,可以有效防止公司运行中触及法律红线,保证公司在合法的框架内正常运行。

(三) 行业协会监管制度

随着市场经济的发张,行业协会悄然兴起。行业协会是在政府与企业之间起到桥梁作用的一种民间组织,其主要为企业提供咨询、沟通、监督、协调等服务。当前行业协会具有两个重要使命,第一是维护本行业的群体利益,第二是约束内部成员的行为。可见行业协会本身就具有监督管理职能。

基于行业协会的自律性,其通常会制定相关的内部规章以约束成员的行为。行业协会的内部规章是在全体成员自愿的基础上设立的,体现的是全体成员的意志,理应得到全体成员的自觉遵守和维护。行业协会通常会在内部规章中规定成员的基本权利与义务以及相应的惩罚措施。为了维护行业协会在本行业内的专业性与权威性,更好地维护内部成员的集体利益,行业协会一般不会容忍成员的违规行为,并会根据内部规章的要求对其进行一定的惩罚。

行业协会作为一个自律性组织,首要的任务就是维护本行业成员

---

① Bemhoiz, P. Eiffeieney, "Political - Eonomic Organization and International Competition between States in Radnitzky", *Values and Soeial Ordef*, Vol. 2, 1995, pp. 157-203.

的合法权益，当其利益受到侵害时组织适当的维权活动，甚至必要的时候可以代为起诉。但行业协会内部成员因在交易机会、发展空间上的竞争性，又表现出一种此消彼长的关系。行业成员之间这种先天的竞争性会督促其在经营活动中进行互相监督。为了防止某些成员的违规行为对整个行业的发展构成威胁，利益受到侵害的成员会积极主动地向行业协会举报违规行为，并期望行业协会以严格的行业规范来约束每位成员的行为。

第三节　股权众筹公司的内部监管制度重构

公司的监督机制是指公司的利益相关者针对公司经营者的经营结果、行为或决策所进行的一系列客观而及时的审核、监察与督导的行为。[①] 根据监管力量的来源不同，可以将其分为外部监管与内部监管，其中内部监管起到决定性作用。内部监管的优势在于监督主体和监督对象互相了解，监督主体有更多机会和条件了解监督对象的活动，监督能够更加深入持久，及时适当，也较为节约公司成本。[②] 作为公司内部权力制衡的体现，公司内部监管制度发挥了巨大作用，公司内部监管主要是指股东大会、董事会、监事会对公司经理人员及相互之间的监督管理。股权众筹公司内部也存在相应的监管制度，但因股权众筹公司的股权结构特点及发展需要，应对原有的内部监管制度进行适当的变革。

一　股东监管制度

股东作为公司的所有者，是公司一切权利的来源，因此股东当然享有对公司的监管权利。通常情况下，股东监管权是通过股东大会得以实现的，股东在股东大会上通过选举和罢免董事、监事，审议、批准或否决公司经营者可能滥用权限的事项，决定关系到公司和股东根

[①] 李维安：《公司治理》，南开大学出版社 2001 年版，第 49 页。
[②] 王林清：《公司内部监督机制法律构造研究》，博士学位论文，中国政法大学，2006 年，第 39 页。

本利益的重大事项等，实现对经营者的监管。但随着公司制度的发展，股东监管制度的弊端逐渐暴露，特别是在股权极其分散，股东地理分布广泛且对公司治理参与较低的股权众筹公司而言，股东监管往往流于形式，缺乏实际效果。为了最大限度地发挥股东监督的效用，股权众筹公司在监管制度设计中应充分考虑众筹股东的需要，在股东监督实体权利实现及程序便捷方面进行改进。

（一）众筹股东诉权

根据《公司法》的规定，当股东自身利益或公司利益受到侵害时，股东享有提起诉讼的权利。股东诉权是股东权利的保障和损害恢复机制，是股东实体权利得以实现的最后保障措施，是受损的股东利益得到挽回的主要方式之一。[1] 也是股东对公司实施监管最为有效的措施。

1. 众筹股东诉权的确定

无论是股东直接诉讼还是派生诉讼，都以享有股权为前提。股权众筹公司中因众筹股东持股方式的多样化导致股东诉权的不确定，为了更好地维护股东的合法权益，发挥股东对公司的监管作用，对不同持股方式的众筹股东的诉权应予以明确。首先，直接持股。采取该方式持股的众筹股东在股权众筹公司中的股东身份明确，当然的享有股东诉权。其次，股权代持。以该方式持股的众筹股东在股权众筹公司中的身份相当于隐名股东，隐名股东的权利虽受到诸多限制，但其诉权却应予以保障。这是因为其虽为隐名股东，但其利益与公司息息相关，如剥夺其诉权很可能使其利益受到侵害时面临诉求无门的境地，也严重打击了其监督公司运行的积极性。最后，有限合伙。以该方式持股的众筹股东严格意义上讲不能算是众筹公司的股东，而只是该合伙组织的合伙人。在股权众筹公司中该有限合伙组织以股东的身份行使股东权，也行使股东诉权。但众筹投资者仍享有对股权众筹公司的监督权，一旦发现有损害自身或公司利益的不法行为发生，众筹投资者可向有限合伙组织反映，由其决定是否提起股东诉讼。

---

[1] 漆丹：《我国股东诉讼制度体系的构建》，《中南大学学报》（社会科学版）2003年第12期。

2. 众筹股东诉权的行使

股东诉权的行使可以通过直接诉讼与间接诉讼两种方式。对众筹股东而言，如果其合法权益受到了侵害，当然可以行使直接诉权，此处并不会因众筹股东持股的比例而受到任何限制。但在间接诉讼中，众筹股东可能会面临一定的障碍。根据现行法律的规定，为了防止股东滥用间接诉讼而给公司造成不必要的损失，间接诉讼需要满足持股比例及持股时间的限制。这无疑增加了众筹股东维权的难度，不利于股权众筹公司股东派生诉讼的提起。因此建议在股权众筹公司中，间接诉讼的提起条件应进行适当的放宽，坚持股份持有规则，即只要持股就可行使诉权，不对众筹股东的持股比例和持股时间进行限制。目的是最大限度地保护众筹股东的合法权益，充分发挥众筹股东对公司的监督作用。当然，为了防止众筹股东滥用诉权，还是需要一定的约束机制，如严格诉讼前置程序，设立诉讼费用担保制度、股东赔偿责任制度等。

（二）网络股东大会

网络股东大会又称为虚拟股东大会，随着互联网技术的发展，其成为替代传统股东大会的新型会议形式。股权众筹公司因股东人数众多、股权极其分散以及地理分布广泛等特点，决定其如沿用传统的股东大会形式，众筹股东的参与积极性必定不高，还直接影响到众筹股东对公司监管的效果。

1. 股权众筹公司推行网络股东大会的可行性

网络股东大会所有与会人员的报告、质询、答复、审阅资料、投票等都通过网络进行。[①] 网络解决了公司与股东之间的空间距离问题，降低了股东参与公司治理的成本，有效避免了股东大会的形骸化。在股权众筹公司中推行网络股东大会具有一定的可行性：第一，股权众筹公司具备一定的技术条件。作为创业型小微企业，股权众筹公司从资金的募集开始就利用了互联网，且作为创新型企业在当前的互联网经济时代，必然熟知互联网技术，这也为股权众筹公司推行网络股东大会打下了坚实的基础。第二，互联网的普及。互联网在我国已呈飞

---

① 王宗正：《网络股东大会：中国实践与制度构建》，《江海学刊》2017年第5期。

速发展之势，特别是随着智能手机的推广与普及，互联网更是进入了一个跨越式的发展阶段。截至2017年6月，我国网民数量达到7.51亿，互联网普及率达54.3%。股权众筹公司的投资者大都来自互联网，他们通过股权众筹平台了解投资信息，通过网络来进行投资。可见，众筹投资者大都具备网络接入设备和条件，且熟知网络操作。第三，设备的完善。网络股东大会的召开除了需要具备一定的技术条件外，必要的硬件支持也不可或缺。为了容纳较多的股东同时参与股东大会，并保障会议在图像、声音等方面的质量，公司必须配备相应的网络硬件设备。要求股权众筹公司自备这些设备可能难度较大，但目前我国很多机构或公司具备这样的设备，股权众筹公司可以以租借的方式来弥补其在硬件设施方面的不足。

2. 网络股东大会的运作程序

虚拟股东大会与现场会议的召开程序差不多，区别在于虚拟股东大会是依托网络来进行。在此，仅就虚拟股东大会召开过程中的特殊之处进行探讨。(1)股东大会的召集。虚拟股东大会的召开除可以采取传统的通知与公告形式外，也可以电子邮件的方式对股东进行通知，以在公司网站或相关网站上的通知作为公告。(2)股东发言权、质询权的保障。网络股东大会召开的时间有限，为了充分地保障每位股东的发言权与质询权，大会应针对会议议程、相关提案，设立专门的公告栏或聊天室。股东可通过网络公告栏与聊天室行使自己的发言权、质询权，公司应对公告栏与聊天室的记录进行保存，作为股东大会中股东行使权力的证据。(3)股东投票权的保障。股东可以通过网络进行投票，但网络投票的方式不应仅限于股东会召开时的实时网络投票或电子交易系统内的网络投票，而应当尽量地多样化、灵活化。比如引入电子邮件投票，一方面，电子邮件已经成为人们日常交流、办公的主要方式之一，这使得股东通过发送电子邮件行使表决权成为可能；另一方面，电子邮件的发送可以是全天候的，这有利于克服网络投票特别是通过交易所电子系统进行网络投票所受到的时间限制。①

---

① 王宗正：《股东大会通讯表决的运行规则》，《政治与法律》2008年第12期。

二 独立监事制度

独立监事，又称外部监事、外部监察人、独立监察人，简言之，就是不是公司董事、经理或职员的监事。除了担任监事外，他们须与公司没有其他关系。[①] 独立监事制度最早产生于日本，20世纪末，随着日本泡沫经济的破灭，在银行、证券公司、企业内，各种不祥事件不断发生，企业业绩也陷入了持续低迷的状态。为了挽回经济颓势，解决企业"内部人控制"过度所带来的治理危机，在借鉴美国独立董事制度的基础上，建立了独立监事制度。我国《公司法》并没有规定独立监事制度，只是中国人民银行在《股份制商业银行独立董事和外部监事制度指引》和《股份制商业银行公司治理指引》中涉及了独立监事，但对于独立监事的任职资格、选举、报酬、责任等并未做出详细的规定。

（一）独立监事制度的优势

传统的监事会制度中因缺乏中立力量的存在，使监事会的监督职能无法最大限度地得到发挥，独立监事制度有效弥补了这一缺陷。第一，独立监事制度增强了对公司的监管力度。公司由于管理的需要通常都存在控股股东，为了防止公司控制权的滥用，需要一个强有力的监督机制。传统监事会制度中的监事都与公司存在利害关系，在行使监管权时不可避免地会受到公司控制者的影响，因此无法发挥应有的监督作用。独立监事不存在与公司的利害关系，可以以中立的立场公平公正地对公司事务进行监督，保障了监督的有效性。第二，完善了股权众筹公司的监事会。监事会制度在我国设立以来，虽起到了一定的作用，但更多时候公司的监事会形同虚设。《公司法》在修改的过程中对监事会的权威性和行权的有效性进行了加强，但因监事会本身缺乏独立性，监事缺乏专业性，监事会议事机制不合理，缺乏有效的激励约束机制等，无法发挥应有作用。独立监事制度可以增强监事会的独立性，提高监事的专业水平，创造出更为有效的激励约束机制，

[①] 李明辉：《论上市公司独立监事制度》，《河北法学》2005年第10期。

充分解决现有监事会制度存在的问题。

(二) 股权众筹公司独立监事的选任

为了确保独立监事的独立性与专业性，在对股权众筹公司的独立监事进行选任的过程中建议采用以下措施。

1. 设立独立监事事务所

为保障独立监事的独立性与专业性，需要对其进行必要的管理。股权众筹公司的监管机构可以根据需要制定独立监事事务所的设立条件，并进行严格审查，以保障其具备选任合格独立监事的资格。

2. 组建独立监事人才库

独立监事事务所可以根据业务发展需要，面向社会召集具有专业财会、金融、公司治理、法律等专业知识的人才，进行独立监事培训。国家设立独立监事考试制度，通过考试的人获得独立监事的任职资格，可由独立监事事务所将其编入独立监事人才库。

3. 监管机构提名制

股权众筹公司选任独立监事的权利由股东大会行使，为了防止控股股东干预独立监事的选任，提名权交由股权众筹公司的监管机构负责。监管机构本着公平、公正、公开的原则提名2—3家独立监事事务所，由股东对这2—3家事务所业绩、专业性、费用等方面条件进行综合考虑后，投票选出一家适合的事务所，由该事务所在其独立监事人才库中选任适合的独立监事。

余 论

纵观当今世界，公司制度的发展程度与国家经济的发展程度密切相关，越是发达的国家，公司规模越大、数量越多，公司制度越完善。一国人均收入水平与其总体经济规模一样，决定着一个国家公司制度的发展程度。与经济发达、公司制度发达同时相伴的是法治发达，良好的法治环境促进公司发展，公司发展也会促进经济发展和国家发达。

公司制度自引入我国以来，不断地发展与完善。众多学者对其进行了深入细致的研究，从这些研究成果中我们不难发现，公司制度并非尽善尽美。特别是随着社会的发展，互联网技术的普及，新的管理方式的应用等都影响着已有的公司制度。因此，公司制度需要与时俱进地做出调整，以适应不断变化的经济发展形势。也只有不断谋求创新，才能保持公司制度的活力，使之维持在市场竞争中的优势地位。

股权众筹公司作为互联网金融的产物，是顺应时代发展的结果。虽然其在很多方面与我国现行法律存在冲突，但并不能因此否定其存在的意义，也不能为了将其限制在已有的法律框架内，而抹杀了其天然的优势。为了股权众筹公司的健康发展，也为了公司制度的不断完善，我们应该在借鉴已有制度的基础上，根据股权众筹公司的特性进行制度创新。目前，因股权众筹的相关法律法规还处于酝酿阶段，不宜过早直接以立法的形式对股权众筹公司的相关制度进行规定，但可采取司法解释或部门规章的形式承认股权众筹公司运行的合法性，并对其相关制度进行规定。待时机成熟后，可通过《公司法》修改或单独立法来承认股权众筹公司相关制度的合法性。

参考文献

一 中文类

（一）著作类

卞耀武：《当代外国公司法》，法律出版社1995年版。

曹玉贵：《企业产权交易定价研究》，经济管理出版社2011年版。

崔建远等：《合同法》，法律出版社2007年版。

甘培忠：《公司控制权的正当行使》，法律出版社2006年版。

甘培忠、王冬梅：《非上市股份公司运营与治理法律制度研究》，法律出版社2012年版。

胡智强：《公司控制权：话语权与法律调整》，法律出版社2008年版。

霍玉芬：《信托法要论》，中国政法大学出版社2003年版。

江平等：《新编公司法教程》，法律出版社1994年版。

蒋大兴：《公司法的展开与评判——方法·判例·制度》，法律出版社2001年版。

李建伟：《公司法学》，中国人民大学出版社2008年版。

李维安：《公司治理》，南开大学出版社2001年版。

李响、陆文婷：《美国集团诉讼制度与文化》，武汉大学出版社2005年版。

零壹财经、零壹数据：《众筹服务行业白皮书（2014）》，中国经济出版社2014年版。

刘俊海：《现代公司法》，法律出版社2008年版。

刘俊海：《新公司法的制度创新：立法争点与解释难点》，法律出版社 2006 年版。

罗培新：《公司法的法律经济学研究》，北京大学出版社 2008 年版。

毛亚敏：《公司法比较研究》，中国法制出版社 2001 年版。

欧阳卫民主编：《海外基金法规》，中国国际广播出版社 1995 年版。

沈四宝：《最新美国标准公司法》，法律出版社 2006 年版。

施天涛：《公司法论》，法律出版社 2006 年版。

施天涛：《商法学》（第三版），法律出版社 2006 年版。

史际春、温烨、邓峰著：《企业和公司法》，中国人民大学出版社 2003 年版。

万国华：《我国 OTC 市场准入与监管制度研究——基于非上市公司治理视角》，人民出版社 2012 年版。

吴越：《私人有限公司的百年论战与实际重构——中国与欧盟的比较》，法律出版社 2005 年版。

徐孟洲等：《金融监管法研究》，法制出版社 2008 年 11 月版。

徐振斌：《期权激励与公司长期绩效通论》，中国劳动社会保障出版社 2003 年版。

杨东、黄超达、刘思宇编著：《赢在众筹》，中国经济出版社 2015 年版。

杨华、陈晓升：《上市公司股权激励理论、法规与实务》，中国经济出版社 2008 年版。

殷召良：《公司控制权法律问题研究》，法律出版社 2007 年版。

虞政平：《英国公司法规汇编》，法律出版社 2000 年版。

张民安：《公司法上的利益平衡》，北京大学出版社 2003 年版。

张明楷：《刑法学》，法律出版社 2011 年版。

张听海、于东科：《股权激励》，机械工业出版社 2000 年版。

赵旭东：《新公司法讲义》，人民法院出版社 2005 年版。

周小明：《信托制度的比较法研究》，法律出版社 1996 年版。

朱锦清：《证券法学》，北京大学出版社 2007 年版。

[英] 丹尼斯·吉南：《公司法》，朱羿锟等译，法律出版社 2005 年版。

[美] E. 博登海默：《法理学——法律哲学与法律方法》，邓正来译，中国政法大学出版社 2004 年版。

[英] 哈耶克：《个人主义与经济秩序》，贾湛等译，北京经济学院出版社 1991 年版。

[美] 杰弗里·N. 戈登、马克·J·罗：《公司治理：趋同与存异》，赵玲、刘凯译，北京大学出版社 2006 年版。

[美] 罗伯特·W. 汉密尔顿《公司法概要》，李存捧译，中国社会科学出版社 1999 年版。

[美] 玛格丽特·M. 布莱尔：《所有权与控制：面向 21 世纪的公司治理探索》，张荣刚译，中国社会科学出版社 1999 年版。

[美] 美国法律研究院：《公司治理原则：分析与建议》，许传玺译，法律出版社 2006 年版。

苗壮：《美国公司法制度与判例》，法律出版社 2007 年版。

[德] 魏德士：《法理学》，丁晓春译，法律出版社 2005 年版。

[美] 约翰·C. 科菲：《看门人机制：市场中介与公司治理》，黄辉、王长河等译，北京大学出版社 2011 年版。

（二）论文类

陈国进：《日本金融制度变迁的路径依赖和适应效率》，《金融研究》2001 年第 12 期。

程黎明：《有限责任公司股东资格确认的困惑及路径选择》，《审判研究》2009 年第 1 期。

邓建鹏：《互联网金融时代众筹模式的法律风险分析》，《江苏行政学院学报》2014 年第 3 期。

窦靖伟、李晓沛：《论封闭性股份有限公司股东股份回购请求权的保护——兼议〈公司法〉第一百四十三条第四款的完善》，《南阳师范学院学报》（社会科学版）2014 年第 1 期。

樊云慧：《众筹平台监管的国际比较》，《法学》2015 年第 4 期。

冯果：《论公司股东与发起人的出资责任》，《法学评论》1999 年第 3 期。

冯果、杨梦：《国企二次改革与双层股权结构的运用》，《法律科学》（西北政法大学学报）2014 年第 6 期。

冯世杰：《"众筹"网络融资平台运营模式的法律分析——以"点名时间"为例》，《金融法苑》2013 年第 2 期。

付桂存：《中小企业股权众筹的融资风险及其防控机制》，《河南师范大学学报》（哲学社会科学版）2016 年第 9 期。

傅穹：《对赌协议的法律构造与定性观察》，《政法论丛》2011 年第 6 期。

甘培忠：《论公司相互持股的法律问题》，《法制与社会发展》2002 年第 5 期。

高山：《国有企业相互持股的负效应探析》，《哈尔滨金融高等专科学校学报》2008 年第 2 期。

顾功耘、罗培新：《论我国建立独立董事制度的几个法律问题》，《中国法学》2001 年第 6 期。

郭川：《浅析公司发起人的法律责任》，《中南民族大学学报》（人文社会科学版）2003 年第 8 期。

韩丹：《股权分散、管理层持股与上市公司 IPO 价值》，《财经理论与实践》2008 年第 2 期。

韩国栋、麦志英：《股权众筹融资的监管逻辑及国际经验》，《宁夏社会科学》2016 年第 1 期。

何佳艳：《股权众筹草案惹争议》，《投资北京》2015 年第 2 期。

胡晓静：《有限责任公司股东资格确认标准的思考》，《国家检察官学院学报》2012 年第 3 期。

胡绪雨、朱京安：《论股东资格的取得和确认》，《法学杂志》2013 年第 9 期。

胡元聪：《信息不对称视野下外部性克服的经济法分析》，《现代经济探讨》2008 年第 4 期。

黄河：《众筹网站的软肋》，《中国经济和信息化》2014 年第 9 期。

黄玉玲：《壳牌：以管理者能力为核心的考核》，《企业管理》2014 年第 11 期。

江平、曹冬岩：《论有限合伙》，《中国法学》2000 年第 4 期。

蒋学跃、向静：《交叉持股的法律规制路径选择与制度设计》，《证券市场导报》2009 年第 3 期。

金晓文：《论双层股权结构的可行性和法律边界》，《法律适用》2015 年第 7 期。

金玄武：《我国公司现物出资制度研究》，博士学位论文，山东大学，2011 年。

孔东民等：《冷漠是理性的吗？中小股东参与公司治理与投资者保护》，《经济学》2012 年第 10 期。

雷华顺：《众筹融资法律制度研究——以信息失灵的矫正为视角》，博士学位论文，华东政法大学，2015 年。

李建伟：《非上市公众公司信息披露制度研究》，《公司法律评论》2010 年第 10 期。

李军：《私法自治的基本内涵》，《法学论坛》2004 年第 6 期。

李连华：《股权配置中心论：完善公司治理结构的新思路》，《会计研究》2002 年第 10 期。

李明辉：《公司治理制度变迁与国际趋同：一个分析框架》，《东北大学学报》（社会科学版）2009 年第 6 期。

李明辉：《论上市公司独立监事制度》，《河北法学》2005 年第 10 期。

李先瑞：《创始人权威、控制权配置与高科技公司治理——以阿里巴巴的控制权争夺为视角》，《会计之友》2015 年第 10 期。

李晓龙，赵志宇：《私募股权退出机制的经济法视角探析》，《天津法学》2013 年第 2 期。

李曜：《股票期权与限制性股票股权激励方式的比较研究》，《经济管理》2008 年第 11 期。

李政辉：《析私募股权基金退出的制度障碍》，《中国商法年刊》2008 年第 1 期。

梁清华：《美国私募注册豁免制度的演变及其启示——兼论中国合格投资者制度的构建》，《法商研究》2013年第5期。

梁天：《公司控制权研究》，博士学位论文，吉林大学，2011年。

刘根、杨秋林：《试论股份公司的权力配置》，《企业经济》2004年第6期。

刘俊海：《我国〈公司法〉移植独立董事制度的思考》，《政法论坛》2003年第3期。

刘凯湘：《股东代表诉讼的司法适用与立法完善》，《中国法学》2008年第4期。

刘明：《美国"众筹法案"中集资门户法律制度的构建及其启示》，《现代法学》2015年第1期。

娄月、周路平：《VC靠边，社群股权众筹来了》，《创业家》2015年第6期。

鲁公路、李丰也、邱薇：《美国JOBS法案、资本市场变革与小企业成长》，《证券市场导报》2012年第8期。

陆峰：《咖啡馆，莫让众筹变众"愁"》，《互联网经济》2015年第12期。

吕明凡：《股权众筹的发展及其风险研究》，《合作经济与科技》2015年第2期。

罗礼平：《监事会与独立董事：并存还是合一？——中国上市公司内部监督机制的冲突与完善研究》，《比较法研究》2009年第3期。

马广奇、赵亚莉，《阿里巴巴"合伙人制度"及其创新启示》，《企业管理》2015年第2期。

马其家、樊富强：《我国股权众筹领投融资法律风险防范制度研究》，《河北法学》2016年第9期。

马强：《有限责任公司股东资格认定及相关纠纷处理》，《法律适用》2010年第12期。

彭丁带：《美国的独立董事制度及其对我国的启示》，《法学评论》2007年第4期。

彭真明、江华：《美国独立董事制度与德国监事会制度之比较——也论中国公司治理结构模式的选择》,《法学评论》2003 年第 1 期。

漆丹:《我国股东诉讼制度体系的构建》,《中南大学学报》(社会科学版) 2003 年第 12 期。

祁雪冻:《众筹出版平台非法吸收公众存款的风险与对策》,《中国出版》2015 年第 6 期。

曲宁等:《大众创业、万众创新》,《天津经济》2015 年第 5 期。

人民银行天津分行课题组:《国外私募股权投资基金的交易退出制度及其借鉴》,《华北金融》2009 年第 6 期。

阮世能:《公司监督机制法律问题研究》,博士学位论文,西南政法大学,2004 年。

沈贵明:《论公司资本登记制改革的配套措施跟进》,《法学》2014 年第 4 期。

沈乐平:《公司治理结构的法律透析》,《经济问题》2003 年第 1 期。

沈乐平:《论母子公司与交叉持股的法律问题》,《社会科学研究》2004 年第 3 期。

施天涛:《公司资本制度改革:解读与辨析》,《清华法学》2014 年第 5 期。

石晓飞:《民营上市公司创始人与董事会治理有效性研究》,博士学位论文,南开大学,2014 年。

宋亮:《中国私募股权退出方式研究》,《改革与开放》2011 年第 7 期。

宋晓刚:《新三板市场发展的特征、动因及启示》,《证券市场导报》2015 年第 11 期。

苏苑秋:《浅析我国私募股权退出机制选择与完善》,《时代金融》2013 年第 9 期。

汪青松、赵万一:《股份公司内部权力配置的结构性变革——以股东"同质化"假定到"异质化"现实的演进为视角》,《现代法学》2011 年第 5 期。

王阿娜：《股权众筹的退出方式探讨》，《中国集体经济》2016 年第 8 期。

王才伟：《股权众筹企业股权管理制度的完善》，《现代管理科学》2016 年第 8 期。

王靓、沈龙强：《试论资本市场中小投资者单独计票机制的构建》，《金融纵横》2015 年第 3 期。

王林清：《公司内部监督机制法律构造研究》，博士学位论文，中国政法大学，2006 年。

王小莉：《公司治理视野下股权代持之若干法律问题》（上），《仲裁研究》2015 年第 3 期。

王勇、张博然：《股权众筹发端与当下运行的有效机制》，《改革》2015 年第 12 期。

王子轩、高德永：《股权众筹模式的弊端：以东莞很多人的咖啡馆为例》，《商》2015 年第 4 期。

王宗正：《股东大会通讯表决的运行规则》，《政治与法律》2008 年第 12 期。

王宗正：《网络股东大会：中国实践与制度构建》，《江海学刊》2017 年第 5 期。

吴建斌：《股东代表诉讼制度及其在我国的确立和完善》，《南京大学学报》（哲学社会科学版）2000 年第 1 期。

吴敬链：《路径依赖与中国改革》，《改革》1995 年第 3 期。

吴永刚、李建伟：《有限合伙型私募股权投资基金内部治理的异化和重构》，《证券市场导报》2013 年第 6 期。

吴志国、宋鹏程、赵京：《资本市场监管：平衡的艺术——美国众筹融资监管思路的启示》，《征信》2014 年第 3 期。

项新永：《我国当前商业资源的有效整合》，《上海企业》2002 年第 12 期。

肖本华：《美国众筹融资模式的发展及其对我国的启示》，《南方金融》2013 年第 1 期。

肖凯：《论众筹融资的法律属性及其与非法集资的关系》，《华东政法大学学报》2014 年第 5 期。

徐浩：《反思与完善：我国公司设立的制度重构》，《青海社会科学》2013 年第 1 期。

徐小俊：《发展新三板股权众筹》，《中国金融》2015 年第 3 期。

许飞剑、余达淮：《股权众筹视角下投资者权益保护法律问题研究》，《经济问题》2016 年第 11 期。

颜延、张文贤：《我国推行股票期权制度的法律问题》，《中国法学》2001 年第 3 期。

杨东：《市场型间接金融：集合投资计划统合规制论》，《中国法学》2013 年第 2 期。

杨东、苏伦嘎：《股权众筹平台的运营模式及风险防范》，《国家检察官学院学报》2014 年第 4 期。

杨林瑜：《网络环境下知识产权保护机制创新——谷歌"版权门"事件的启示》，《理论建设》2010 年第 2 期。

叶明：《试论有限责任公司股权代持的效力与规范运作》，《宁波大学学报》（人文科学版）2017 年第 1 期。

应飞虎：《从信息视角看经济法基本功能》，《现代法学》2001 年第 12 期。

于富贵、张艳华：《论公司瑕疵设立法律问题》，《科技文汇》2007 年第 12 期。

袁康：《互联网时代公众小额集资的构造与监管——以美国 JOBS 法案为借鉴》，《证券市场导报》2013 年第 6 期。

曾国安：《论信息不对称产生的原因与经济后果》，《经济学动态》1999 年第 11 期。

张倩：《中小企业海外融资研究》，博士学位论文，西南财经大学，2010 年。

张若楠：《公司发起人法律制度研究》，博士学位论文，吉林大学，2012 年。

张小涛、岳文华、张学峰：《中国股权类众筹发展的制约因素及风险研究》，《河南科学》2014 年第 11 期。

赵万一、陶云燕：《对独立董事制度功能的重新思考》，《西南民族大学学报》2004年第3期。

赵万一、吴民许：《论有限公司出资转让的条件》，《法学论坛》2004年第9期。

赵炜：《众筹：想说爱你不容易》，《中国对外贸易》2013年第11期。

赵雪：《股权众筹二级市场法律制度研究》，《法制与社会》2015年第10期。

赵吟：《论我国公司型私募股权投资基金的退出机制》，《上海金融》2013年第1期。

（三）报纸类

崔敏：《股权众筹退出机制破冰》，《中国企业报》2016年1月12日。

刘俐、高宏娟：《网络为股东大会服务》，《证券时报》2001年8月15日。

陆绮雯：《国内股权众筹史上最大单诞生》，《解放日报》2015年6月17日。

梅俊彦：《股权众筹模式异变：平台"一人演多角"暗藏隐忧》，《中国证券报》2014年8月1日。

杨东：《股权众筹的法律风险》，《上海证券报》2014年7月31日。

二 外文文献

19. C. Bradford, "Crowdfunding and the Federal Securities Laws", *Columbia Business Law Review*, Vol. 1, 2012.

Adams R. B., Almeida H., Ferreiira D., "Understanding the Ralationship between Founder-CEOS and Firm Performance", *Journal of Empirical Finance*, Vol. 16, No. 2, 2009.

Adolph A. Berle, "Non-Voting Stock and Bankers' Control", *Harvard law Review*, Vol. 39, 1926.

Barry D. Baysinger & Henry N. Butler, "Revolution Versus Evolution in Corporation Law: The ALI's Project and the Independent Director", 1984.

Bemhoiz P. Eiffeieney, "Political-eonomic Organization and International Competition between States in Radnitzky", G. and H. Bouillon. *Values and Soeial Ordef*, Vol. 2, 1995.

Bertrand M. Mullainathan S., "Enjoying the Quiet Life—Corporate Governance and Managerial Preferences", *Journal of Political Economy*, Vol. 111, No. 5, 2003.

Bradford, C. Steven, "Crowdfunding and the Federal Securities Laws", *Columbia Business LawReview*, Vol. 22, No. 1, 2012.

Chris Robinson, John Rumsey and Alan White, "Market Efficiency in the Valuation of Corporate Control: Evidence from Dual Class Equity", *Canadian Journal of Administrative Sciences*, Vol. 13, 1996.

Dallas L., "Tow Models of Corporate Govemance: Beyond Berle and Means", *J. of Law Reform*, Vol. 22, No. 19, 1988.

Devashis Mitra, "The Role of Crowdfunding in Entreprenenrial Finance", *Delhi Business Review*, Vol. 13, No. 2, 2012.

Grant M. Hayden, "The False Promise of One Person, One Vote", *Michigan Law Review*, Vol. 102, 2003.

Harry W. Jones, "The Creative Power and Function of Law in Historical Perspective", *Vanderbilt Law Review*, Vol. 135, No. 17, 1963.

Ira. M. Millstein & Paul W. MacAvoy, "The Active Board of Directors and Performance of Large Publicly Traded Corporations", *Columbia Law Review*, Vol. 98. No. 5, 1998.

Jensen M. C., Meckling W. H., "Theory of the Firm: Managerial Behavior, Agency Costs and Ownership Structure", *Journal of Financial Economics*, Vol. 3, No. 4, 1976.

L. D. Brandeis, *Other People's Money and How the Bankers Use It*,

Montana: Kessinger Publishing, 2009.

La. Porta R., Lopez-de-Silanes F., Shleifer A., "Investor Protection and Corporate Governance", *Journal of Financial Economics*, Vol. 58, 2000.

Magee J. R., "Peer-to-Peer Lending in the United States: Surviving after Dodd-Frank", *NC. Bank, Inst.*, Vol. 15, 2011, p. 139.

Margaret M. Blair, "Reforming Corporate Governance: What Can Teach us", *Berkeley Bus, L. Rev.*, 2004, p. 1.

Ordanini A., Miceli L., Pizzetti M., "Crowd-funding: Transforming Customers into Investors through Innovative Service Platforms", *Journal of Service Management*, Vol. 22, No. 4, 2011.

Oskari Juurikkala, "The Behavioral Paradox: Why Inverstor Irrationality Calls for Lighter and Simpler Financial Regulation", *Fordham Journal of Corporate & Financial law*, Vol. 18, 2012.

Paul Belleflamme, Thomas Lambert, Armin Schwienbacher, "Crowdfunding: Tapping the Right Crowd", *Journal of Business Venturing*, Vol. 28, 2013.

Robert H. Sitkoff. Corprate Political Speech, "Political Extortion and the competition for corporate charters", *University of Cincinnati Law Review*, Vol. 69, 2002.

Shahrokh Sheik, "Although Donation-based Crowdfunding Has Experienced Some Success' Questions Remain about the Practicality of Equity-based Crowdfunding", *Los Angeles Lawyer*, May 2013.

Stephen Bottomley, "From Contractualism to Constitutionalism", *Sydney Law Review*, No. 19, 1997.

William T. Allen, "Contracts and Communities in Communities in Corporation Law", *Wash. & Lee. L. Rev.*, 1964, p. 1404.

后　　记

　　本书是在我的博士学位论文基础上稍作修改完成的作品。本书从选题到撰写正值股权众筹在我国从野蛮发展到有序规制的关键时期，因此在撰写过程中曾经面临诸多困惑与不确定，也发生过因制度调整而导致论文部分章节需推翻重构的无奈情形。面临着这么多的不确定甚或反对的声音，曾经一度怀疑这个问题是否还需要继续研究下去，后来随着研究的深入逐步发现股权众筹公司涉及问题众多，正因为大家对这些问题尚未形成定论，才产生了这么多的质疑，这也恰恰说明这一问题确实是值得研究的。最终，几经调整论文终于完稿并顺利通过了答辩。

　　毕业后一直忙于适应新的工作，应对新的课题，无暇顾及本书的出版问题。今年终于抽出时间对书稿进行整理，整理过程中并未对书稿进行大篇幅修改，尽可能保留了博士学位论文的原貌，这样处理的初心是为了将本书作为博士期间研究成果的展现。作为人生中最为重要的求学阶段，在此期间完成的作品虽不完美但却格外具有纪念价值，当时的观点与论述或许存在偏驳及不完善之处，都留在后续研究中再去一一完善。在本书即将付梓之际，撰写这篇后记让我感慨良多。本书是我在武汉大学求学的一份答卷，修改书稿的过程让我回忆起了在母校求学的点滴，由衷地感谢母校给予我在学术研究上进一步深造的机会，并教会了我徜徉学术海洋的基本技能。感谢我的恩师李新天教授用他谦逊而又严谨的治学态度影响我，用他宽厚而又仁慈的心胸包容我，用他勤奋而又积极的生活状态引导我，使我能够顺利地完成学业。感谢马俊驹、陈本寒、罗昆等诸位教授的教诲，在我论文开题与答辩时给予中肯和富有见地的意见，为我完成本书的修改提供了思路与方向。感谢长沙理工大学对本书的资助和支持，感谢中国社会科学出版社的梁剑琴编辑，为本书顺利出版所做的耐心与专业的编辑工作。最后，还要感谢我的家人一直以来对我学习工作的支持，特别感谢我的爱人在我决定考博士研究生这件事上给予的支持与鼓励，我们的爱情结晶也诞生在我读博期间，这个小精灵在武大的操场上学会了走路，在武汉度过了她人生中的第一个生日，希望她以后也能有机会求学武大。

2022 年 8 月

于湖南长沙